2016 年宁波市科学技术局市级科技计划项目（2016C11001）
"城区大型桥梁绿化技术模式研究与示范"

桥体绿化技术图析

张金炜　龙　骏　著

ZHEJIANG UNIVERSITY PRESS
浙江大学出版社

内 容 提 要

　　《桥体绿化技术图析》是作者根据多年从事立体绿化研究经验，将理论和实践有机结合的成果，突出桥体绿化技术及应用，所涉桥体绿化特指与高架桥体建筑相关的绿化技术，不包括桥底平面绿化部分。本书从国内外发展的进程阐述了实施桥体绿化的意义，系统介绍了桥体绿化技术现状和相关理论、桥体绿化主要采用的材料、桥体绿化相关案例分析、桥体绿化的发展趋势和展望等内容。全书涵盖了所涉桥体绿化的基础理论、设计施工案例，重点突出，可以供当前建设单位技术人员、学校相关专业师生学习和参考。

序 一

I would like to congratulate the publication on greening of bridges.

Tai La Siang, Past Chair, World GBC

我衷心祝贺这本关于桥体绿化技术的书的出版。

戴礼翔

序　二

　　大型桥梁带给了城市交通多层次立体化发展,也带来了多层次立体化的生态环境和城市景观风貌破坏,越来越多的混凝土森林需要用绿化装点起来。党的十九大报告在总结以往实践的基础上提出了构成新时代坚持和发展中国特色社会主义基本方略的"十四条坚持",其中就明确地提出"坚持人与自然和谐共生",加强城区立体绿化建设势在必行。特别是随着我国城镇化进程的不断加快,工业、建筑行业等非农林用地日益增加,可供园林绿化的土地日渐减少,绿化量要求与绿化用地供给的矛盾日益突出。而且,随着人们对绿地生态效益了解的不断深入,人们对生态环境的重视程度也日益加深。本书的出版相信会给桥体绿化带来新的启示。

　　结识张老师是在浙江省景观设计与建设行业协会年会上,当时他担任了省协会立体绿化委员会主任一职,我和他对立体绿化进行了深入探讨,得知《桥体绿化技术图析》即将出版。我相信该书为桥体绿化开了先河,填补了目前市场上关于桥体绿化技术图文并茂图书的空缺。本书从桥体绿化现状出发,提出主要存在的问题和策略,以桥体绿化相关理论为基础,全面分析了桥体绿化相关材料,打破了传统桥体下方空间模式,提出立体绿化,列举了多种设计图纸和实际案例。本书全面阐述了桥体绿化的理论与应用,主要特点有两个:一是作者的相关理论是在长期的实践中领悟出来的,有一定的深度,形成了指导实践的理论体系;二是图文并茂,有设计、施工案例,也有实景照片,让人一目了然。本人作为立体绿化的同行,再次向本书的作者表示祝贺与感谢,希望本书的问世对同行桥体工程建设带来帮助。

张佐双

2018 年 10 月

张佐双,世界屋顶绿化协会前副会长,住建部风景园林专家委员会委员,教授级高级工程师。

序 三

　　第一次见到张金炜老师还是几年前，在宁波城市职业技术学院立体绿化研究所成立大会上，得悉他负责立体绿化研究所，开展立体绿化相关研究。这次有幸先睹为快，提前看到《桥体绿化技术图析》书稿，非常高兴。该书内容专业而全面，从桥体绿化的研究现状和实地调研，到相关桥体绿化技术和理论，再通过作者近年来参与桥体绿化设计施工的实际案例，总结探讨了城市桥体立体绿化技术的发展，对城市桥体立体绿化建设具有指导意义。

　　城市大型桥梁建设导致诸多生态环境和景观问题，而桥体绿化是解决或缓解生态和景观问题的主要途径之一。桥体绿化是立体绿化的一种形式，是改善城市生态环境的重要举措，与传统的绿化相比，桥体绿化有特殊的空间和效果，可以大大提高绿视率，让"钢筋混凝土丛林"转变成"绿色森林"，是城市绿化概念从平面向立体空间的飞跃，将会成为城市绿化发展的重要趋势。

　　本书是作者多年从事立体绿化研究和实践工作的阶段性总结。作者在写完初稿后请我提出意见和撰写序言，我十分高兴地答应了。本书的重要特色是案例丰富，图文并茂，有大量的实景照片，使读者易于理解，方便借鉴和应用。本人作为园林绿化同道，对本书的出版表示热烈祝贺，相信本书会对城市立体绿化的发展起到积极的推动作用。

包志毅

2018 年 10 月

包志毅，浙江农林大学风景园林与建筑学院名誉院长、博士、教授。

前　言

　　近年来，由于我国城市化进程的加快，城市大型桥梁建设数量增加，桥体绿化问题也随之显现。桥体绿化是改善城市生态环境的一种举措，能有效地起到滞尘截污、吸收噪声、美化环境、净化空气等作用；也是随着日益严重的土地供应紧张、城市热岛效应等一系列问题而发展起来的一项高新技术。为了规范本行业的发展，分享桥体绿化推广过程中的技术，从而深层次地解决桥体绿化问题，我们收集了大量实际工作中经常用到的资料，结合自身实践经验，对桥体绿化技术进行了认真细致的研究和讨论，经过有关行业专家、能工巧匠和专业教师的多次论证酌定，形成了初稿。在编写过程中，力求突出桥体绿化技术特色，做到概念简要，图文并茂。

　　本书内容主要包括桥体绿化技术现状和相关理论、桥体绿化材料选择、桥体绿化案例、桥体绿化的发展趋势和展望等。在阐述桥体绿化技术的同时，注意对各地不同案例的收集，为发展桥体绿化技术奠定良好的基础。本书的特色在于根据桥体绿化设计施工要求，以典型案例为载体，系统地分析了桥体绿化技术要点，并严格按照国家及行业规范提出了相关基础知识和拓展知识。因此，本书具有重要的实用价值。

　　本书在编写过程中得到了浙江省住建厅、浙江省教育厅、宁波市住建委、宁波市园林管理局、宁波城市职业技术学院、宁波市园林科技研究中心、宁波绿茵市政园林股份有限公司、宁波绿立方环境景观工程有限公司、蓝海绿业生态建设股份有限公司、宁波怡庭生态科技有限公司、湖南中核生态环境生态艺术工程有限公司、宁波市亨为灌溉设备有限公司各级领导的大力支持，收到了王志龙、张椿芳、林立、付涛、周朝阳、杨良春、姜义浩、朱建业、徐海金、黄弘、林震、李金朝、陈淑君、仓盛、郑斌、谢祖培、陆军等人提供的相关素材。在此表示衷心的感谢。由于著者水平有限，加之编写时间仓促，书中疏漏和不妥之处在所难免，恳请专家同仁及各位读者批评指正。

张金炜　龙　骏

目 录

Contents

1　桥体绿化概述

　　在科技、经济迅速发展的今天,大型桥梁建筑早已成为城市中不可或缺的交通要素。由于城市车流量和通行能力的迅速增加,环境污染的问题也日益严重,同时,人们也不再单纯地满足于大型桥梁突兀、笨重的形象。桥体绿化是垂直绿化的一种应用形式,可以改善裸露桥体在景观上及防眩光上的不足,并减轻高大建筑物的空间压迫感。城市桥体绿化具有的生态效应、经济效应以及社会效益不容忽视,城市桥体绿化的不断改善与优化已然成为一个城市发展的有利因素。

目前,我国城市化进程逐步加快,城市中的建筑物日益增多,致使可用于平面绿化的土地日趋减少,从而引发一系列生态失衡、环境恶化等问题,不仅对我们生存的环境造成了极大破坏,也给人类的健康甚至生存带来了严重的威胁。垂直绿化是指选择合适的植物尤其是攀缘性植物定置于各类垂直立面(建筑物、桥体、棚架等)的一种新型绿化方式,几种比较常见的绿化形式有墙面绿化、桥体绿化、棚架绿化、护坡绿化和挑台绿化等。垂直绿化具有见效快、省土地、造价低等特点,更为重要的是具有众多的生态效应,如能够提高城市绿化率、改善建筑周围小气候、隔音降噪、减少光污染等,此外,还具有一系列的景观效应,如增加城市空间情趣、提升建筑品质和形象等。垂直绿化是改善城市生态环境、丰富城市绿化景观的有效方式。

桥体绿化是垂直绿化的一种具体应用形式,主要是在高架桥、立交桥、过街天桥、河道桥梁等桥体上进行垂直绿化。桥体绿化主要包括墙面、桥柱、防护栏以及中央隔离带的绿化。其中,墙面绿化最为主要,主要是利用藤本植物攀爬(由下向上)或枝条下垂(由上向下)来进行绿化,不仅美化桥体,提高城市绿地覆盖率,同时减少了恶劣气候对桥体的破坏,对桥体起保护作用,增加建筑材料的使用寿命。此外,还可减轻高大建筑物的空间压迫感以及改善防眩光上的不足。

在我国,广州、深圳、北京、昆明、长沙和上海是较早进行桥体(主要是立交桥)绿化的城市。李海生等(2009)对广州市一些具有代表性的立交桥、人行天桥绿化进行了相关调查,主要有簕杜鹃(*Bougain-villea glabra Choisy*)、水鬼蕉(*Hymenocallis littoralis*)、合果芋(*Syngonium podophyllum*)、鹅掌柴(*Schefflera octophylla*)等植物,但存在种类单一、绿化不完全和养护管理不到位等问题;此外,管俊强也对广州市立交桥下的绿化进行了相关调研,并从立交桥下绿化品种的选择、生长条件以及养护管理等方面进行了综合分析,提出了相应的建议与对策。翟翠花等对深圳市立交桥绿化调查发现,在调查的50座立交桥中有近300种植物,其中,乔木最多,有139种;灌木次之,有91种;还有草本(46种)、藤本(13种)、蕨类(7种)及竹子(4种),其中以墙面绿化比例最高,防护栏次之,桥柱最低。王俊丽等对北京的142座立交桥的绿化情况进行了相关调查,其中有63.16%的立交桥使用爬山虎(*Parthenocissus tricuspidata*)、美国地锦(*Parthenocissus quinquefolia*)进行墙面绿化;有69.01%的立交桥隔离带主要使用桧柏(*Sabina chinensis*)进行绿化;有40.85%的立交桥防护栏进行了绿化;有0.76%的立交桥桥柱(仅有1座)进行了绿化。高冬梅等对昆明市区16座立交桥绿化进行认真调查后,归纳总结出3种主要的绿化模式,即乔+灌+草型、灌+草型及单纯地被型。李莎等对长沙市的24座立交桥绿化进行调查,发现绿化利用率不高、应用形式单一、缺少地方特色、季相变化明显、花卉较少且花色较单调等问题。此外,王竞红等、韩莉等、许正强等、王杰青等、鲁敏等、关学瑞等、陈敏等、徐康等和赵军等也对城市桥体绿化进行了相关研究。

在国外,垂直绿化研究较早,日本、马来西亚、新加坡以及欧美国家城市桥体绿化率均较高,尤其是新加坡,为了改善城市生态环境,政府极力倡导垂直绿化,垂直绿化已成为该国生态建设的一部分,垂直绿化形式较多,设计也很有创意,而且比较注重绿化与环境的融合,努力打造"生态墙面",目前,新加坡城市绿化率已超过50%,拥有"花园城市"的美称。在国外,一些常见的传统垂直绿化已广泛存在于城市公共环境中,但是国外多以绿化技术开发为主,对绿化效果的设计研究较少。

城市桥体绿化已逐渐成为城市景观的重要组成部分,其在城市环境的改善以及城市景观的塑造中扮演着日趋重要的角色。随着城市的发展,人们对城市各种桥体绿化提出了更高的要求,其绿化模式已不再是单一绿化[爬山虎(*Parthenocissus tricuspidata*)等少许几种藤本植物],而是向常绿、落叶、色叶植物搭配的生态森林绿化模式转变。城市桥体绿化具有的生态效应、经济效应以及社会效益不容忽视,城市桥体绿化的不断改善与优化已然成为一个城市发展的有利因素。

浙江省宁波市一直以来比较重视城市园林绿化建设,在2004年获得了"国家园林城市"称号,并在

此基础上又启动了生态城市建设。近些年宁波在立体绿化方面做了一些探索性的尝试,对城区主要出入口和立交高架、重要路段的城市公建设施与居住区、学校、宾馆、医院以及集中区块进行各种形式的立体绿化建设,取得了一定的成效,但覆盖面不广,在实施过程中也存在不少问题。陈淑君(2016)对宁波市公园绿地、道路桥梁等42个点的立体绿化植物进行了详细调查,统计显示各类植物总计83种(乔木灌木42种,藤蔓类19种,地被及草坪7种,竹类2种,蕨类2种,时令草花及观叶植物11种),其中爬山虎(*Parthenocissus tricuspidata*)、凌霄(*Campsis grandiflora*)、紫藤(*Wisteria sinensis*)、蔷薇(*Rosa*)、常春藤(*Hedara nepalensia var. sinensis*)等藤蔓类植物在立体绿化中使用频率最高。从整体上看,植物种类在数量上并不少,但其中有很多植物并不适合立体绿化特殊的生长环境条件,致使景观稳定性较差,更替频繁。陈淑君同时提出了宁波城市立体绿化存在的问题(如政策法规缺位,实施力度不够;规划设计滞后,建设难度大;技术水平较低,专业建设队伍缺乏;养护管理有欠缺,景观稳定性差)以及发展对策(政策法规、规划设计、技术支持和养护管理)。

1.1 桥体环境因子研究现状

各类桥体(尤其高架桥、立交桥)所组成的附属空间是一种较为特殊的空间环境,桥区空间的光照、温度、湿度等生境条件的变幅较大,桥区植物的正常生长及其生态效益都与这些因素息息相关。光照是植物生长发育主要的限制因子,高架桥荫地一方面受桥面遮光的影响,造成绿化带光照分布不均匀;另一方面,随着高架桥阻道数的不断增加,以及桥体周围高层建筑的影响,致使高架桥荫地光照条件越来越差,极大制约了桥荫植物的生长。此外,温度、湿度以及土壤状况对桥体绿化植物也有重要影响。我们调查研究得知所有因素中,光照强度是差别最大的,桥下的光照强度基本都在1000lx下,桥面较高的桥下光照强度能接近1000lx,而桥面较低的桥下光照强度甚至不到200lx,桥下的平均光照不及全日照的2%,基本很难满足大部分耐荫植物的正常生长和发育。

殷利华等利用Ecotect Analysis软件对武汉市5座高架桥下绿地的自然光环境变化进行研究,得出桥体的走向以及桥下净空的高宽比是影响桥荫绿地自然光环境的2个主要因素。此外,作者还提出将PAR分布与耐荫植物的需光特性进行匹配,以满足桥荫植物正常生长的自然光需求,为桥荫绿地合理的绿化配置提供了重要参考。陆明珍等对部分上海高架路下立柱绿化植物如爬山虎(*Parthenocissus tricuspidata*)、绿爬山虎(*Parthenocissus laetevirens*)、五叶爬山虎(*Parthenocissus quinquefolia*)、变色络石(*Trachelospermum jasminoides*)和扶芳藤(*Euonymus fortunei*)进行了试种实验,发现五叶爬山虎(*Parthenocissus quinquefolia*)光照适应性极好,最佳光照强度为5000lx,甚至在300lx左右仍有少量生长(光补偿点为260lx),其余4种植物均不理想。蒋瑾对长沙立交桥交叉绿岛和桥下的光照、湿度和CO_2浓度进行了详细比较,得出交叉绿岛与全光照差异较小,而桥下光照强度却不满足大多数植物的光补偿点和光饱点,此外,二者湿度和CO_2浓度差异较小。王瑞对福州市高架桥不同位置的光照、温(湿)度、滞尘量以及土壤状况进行了详细测定与分析。结果表明,光照是影响植物生长的最主要因素,其中,南北走向的桥体光照分布较均匀,两边高中间低,桥体的东侧光照强度要比西侧大;东西走向的桥体光照分布不均匀,也是两边高中间低,但南侧的光照较强(分布范围较窄),而北侧只有在夏季有部分的直射光;此外,不同桥体位置的光照变化还与桥墩大小、桥体涂料、桥面宽度和分离缝宽度等因素有关。除此之外,温湿度的变化、粉尘颗粒物的多少对植物的生长也有影响。此外,柯屹恒也对成都市高架桥下的光照和温度进行了相关研究。

1.2 桥体绿化的植物选择研究现状

随着城市的发展,立交桥、高架桥以及架空层数量的增多,出现了较多需要绿化的阴生环境,其绿化的主要材料就是耐荫植物。因此,研究选择并利用耐荫植物,可为建设园林生态城市提供大量的实用植物资源。

桥柱绿化利用桥下已有的绿地种植藤本或攀缘植物,在立柱上加上附着物或将立柱设计为粗糙表面,以便于植物攀爬。常用的桥柱绿化植物有五叶地锦(*Parthenocissus quinquefolia*)、常春藤(*Hedera nepalensia var. sinensis*)、南蛇藤(*Celastrus orbiculatus*)和爬山虎(*Parthenocissus tricuspidata*)等耐荫性藤本植物。桥体防护栏的绿化一般有两种方法,一是在护栏两侧的栏杆茎部设置花槽,栽植三色堇(*Viola tricolor*)、矮牵牛(*Petunia hybrida*)、万寿菊(*Tagetes erecta*)和一串红(*Salvia splendens*)等色彩鲜艳的花卉,二是栽植一些可沿栏杆缠绕生长的草本攀缘植物如爬山虎(*Parthenocissus tricuspidata*)、美国地锦(*Parthenocissus quinquefolia*)等对防护栏进行绿化。桥体中央隔离一般为长条型的花坛或花槽,可种植一些具有观赏价值的植物作为点缀,也可种植一些草本植物、低矮灌木或藤本植物。常用的中央隔离带绿化植物有黄杨(*Buxus sinica*)、美人蕉(*Canna indica*)、矮牵牛(*Petunia hybrida*)、万寿菊(*Tagetes erecta*)等。此外,立交桥附属绿地有边坡绿化以及桥周绿化。其中,边坡绿化多以乡土植物、草本植物为主,藤本、灌木植物为辅,在植物选择时应选择生长快、适应性强、植株低矮的植物,常用的边坡绿化植物有结缕草(*Zoysia japonica*)、大花金鸡菊(*Coreopsis grandiflora*)、紫穗槐(*Amorpha fruticosa*)、胡枝子(*Lespedeza bicolor*)、沙棘(*Hippophae rhamnoides*)和铺地柏(*Sabina procumbens*)等。而桥周绿化大都采用"乔+灌+草"、"灌+草"或单纯地被的绿化形式,在植物的选择上也以乡土植物为主,而且还应选择耐瘠薄、耐干旱、耐荫和较强抗污染能力的植物。

目前,全国各个城市都在研究各自城市适合桥体绿化的植物,如西安市用于立交桥绿化的植物有115种,其中乔木使用较为频繁的种有国槐(*Sophora japonica*)、大叶女贞(*Ligustrum compactum*)、油松(*Pinus tabuliformis*)、雪松(*Cedrus deodara*)、垂柳(*Salix babylonica*)、山杨(*Populus davidiana*)、栾树(*Koelreuteria paniculata*)、刺柏(*Juniperus formosana*)、紫叶李(*Prunus cerasifera* cv. *atropurpurea*)、悬铃木(*Platanus acerifolia*);灌木使用较为频繁的种有石楠(*Photinia serrulata*)、八角金盘(*Fatsia japonica*)、南天竹(*Nandina domestica*)、海桐(*Pittosporum tobira*)、小叶女贞(*Ligustrum quihoui*)、珊瑚树(*Viburnum odoratissinum*)、木槿(*Hibiscus syriacus*);草本使用较为频繁的种有山麦冬(*Liriope spicata*)、鸢尾(*Iris tectorum*)、结缕草(*Zoysia japonica*)、狗牙根(*Cynodon dactylon*);藤本中五叶地锦(*Parthenocissus quinquefolia*)使用率较高;竹类中主要以刚竹(*Phyllostachys viridis*)为主,西安市立交桥绿化应加大彩叶植物以及花灌木种类的应用,从而形成更美的景观效果。昆明市立交桥园林植物种类丰富,有112种,多为常绿植物,包括乔木、灌木、草本、藤本几种类型,其中乔木和灌木所占比例较高,分别为44.64%和32.14%,草本为19.64%,藤本所占比例最少,仅为3.57%,其中藤本植物使用较少,昆明市桥体绿化应加大藤本植物的筛选与应用。此外,李成等(2012)应用特尔菲专家评价法对济南市园林绿化常用的60种园林植物进行了综合评判与分级。结果表明:综合效能为Ⅰ级立交桥绿化植物有14种[侧柏(*Platycladus orientalis*)、白蜡(*Fraxinus chinensis*)、大叶女贞(*Ligustrum compactum*)、鸡爪槭(*Acer palmatum*)、木槿(*Hibiscus syriacus*)、小叶女贞(*Ligustrum quihoui*)、黄杨(*Buxus sinica*)、金银木(*Lonicera maackii*)、贴梗海棠(*Chaenomeles speciosa*)、珍珠梅(*Sorbaria sorbifolia*)、扶芳藤(*Euonymus fortunei*)、麦冬(*Ophiopogon japoni-

cus)、五叶地锦(*Parthenocissus quinquefolia*)、爬山虎(*Parthenocissus tricuspidata*)];Ⅱ级立交桥绿化植物 23 种[圆柏(*Sabina chinensis*)、龙柏(*Sabina chinensis cv. Kaizuca*)、毛白杨(*Populus tomentosa*)、法桐(*Platanus orientalis*)、旱柳(*Salix matsudana*)、国槐(*Sophora japonica*)、臭椿(*Ailanthus altissima*)、悬铃木(*Platanus acerifolia*)、银杏(*Ginkgo biloba*)、紫叶李(*Prunus cerasifera cv. atropurpurea*)、三角枫(*Acer buergerianum*)、紫薇(*Lagerstroemia indica*)、黄栌(*Cotinus coggygria*)、紫叶小檗(*Berberis thunbergii var. atropurpurea*)、平枝荀子(*Cotoneaster horizontalis*)、南天竹(*Nandina domestica*)、海桐(*Pittosporum tobira*)、石楠(*Photinia serrulata*)、蔷薇(*Rosa*)、石榴(*Punica granatum*)、锦带花(*Weigela florida*)、连翘(*Forsythia suspensa*)、常春藤(*Hedera nepalensis var. sinensis*)];Ⅲ级立交桥绿化植物 15 种[雪松(*Cedrus deodara*)、栾树(*Koelreuteria paniculata*)、合欢(*Albizia julibrissin*)、元宝枫(*Acer truncatum*)、榆叶梅(*Amygdalus triloba*)、紫荆(*Cercis chinensis*)、碧桃(*Amygdalus persica*)、洒金千头柏(*Platycladus orientalis 'Sieboldii'*)、小蜡(*Ligustrum sinense*)、丁香(*Syzygium aromaticum*)、迎夏(*Jasminum floridum*)、迎春(*Jasminum nudiflorum*)、活血丹(*Glechoma longituba*)、蛇莓(*Duchesnea indica*)、白三叶(*Trifolium repens*)];Ⅳ级立交桥绿化植物 8 种[苦楝(*Melia azedarach*)、梧桐(*Firmiana platanifolia*)、猥实(*Kolkwitzia amabilis*)、火棘(*Pyracantha fortuneana*)、凤尾兰(*Yucca gloriosa*)、月季(*Rosa chinensis*)、红瑞木(*Cornus alba*)、醡浆草(*Oxanlis corniculata*)]。其中,Ⅰ级植物适应性强,其观赏价值和生态效能也较高;Ⅱ级植物的适应性、观赏价值和生态效能略低于Ⅰ级植物;Ⅲ级植物的应用性则低于Ⅱ级植物;Ⅳ级植物适应性最差,不太适用于城市立交桥环境的应用。刘志芳等(2015)从植物生长势、抗逆性和景观效果等方面对郑州市 7 种立交桥植物进行了筛选,得出络石(*Trachelospermum jasminoides*)、常春油麻藤(*Mucuna sempervirens*)和薜荔(*Ficus pumila*)3 个常绿藤本类可单一栽植,但薜荔(*Ficus pumila*)表现最差,不适合郑州地区生长。

此外,杜伟宁等(2013)研究了攀缘植物[凌霄(*Campsis grandiflora*)、紫藤(*Wisteria sinensis*)、木香(*Radix Aucklandiae*)、扶芳藤(*Euonymus fortunei*)、京八号常春藤(*Hedera nepalensis var. sinensis*)和中国地锦(*Parthenocissus semicordata*)等]在桥体绿化中的应用。黄思成等对北京立交桥种植植物进行了调研;张晓东等、梁向军等都对河南省桥体绿化植物进行了调研。

1.3 桥体绿化的植物栽培基质研究现状

目前,国内对桥体绿化植物栽培基质的筛选研究还较少,考虑到桥体承重、经济、便利等原则,桥体绿化植物栽培基质应首选质轻、价廉和容易获得的材料。如吴迪(2017)对长沙市桥体绿化植物基质配比进行了研究,得出基质配比采用"泥炭土∶有机肥∶椰糠∶珍珠岩∶黏土=5∶1∶2∶1∶1"效果较好;赖尚海等通过对 11 种桥体绿化植物扦插基质试验得出,"泥炭∶河沙=4∶1"的基质配方优于单纯河沙作基质;钱瑭璜等对 5 种景天属绿化植物栽培基质进行了研究,得出其中 4 种景天属植物[金叶佛甲草(*Sedum lineare'Aurea'*)、费菜(*Sedum aizoon*)、垂盆草(*Sedum sarmentosum*)、凹叶景天(*Sedum emarginatum*)]最适栽培基质配比为"国产泥炭∶椰糠∶珍珠岩=2∶3∶1",而松塔景天(*Sedum nicaeense*)在所选 2 种基质中无明显差异。类似的研究还有史正军等对部分桥体绿化植物栽培基质进行了研究;刘志芳等对郑州市桥体绿化植物种植箱内(土∶草炭土=2∶1)和立体塑料管内(土∶草炭土∶珍珠岩∶蛭石=2∶1∶1∶1)的基质进行了改良。

1.4 桥体绿化的植物配置研究现状

一般桥下空间的光照强度较弱，因此，选择合适的耐荫性植物保证其能够正常生长是首要任务，其次，可以考虑景观效果，这就需要对不同的植物进行合理的配置。植物配置应尽量避免单一的景观，应注重选择不同季相、色彩、形态、质感的植物，以做到景观色彩明显、植物层次丰富，此外，尽量与桥下其他景观相协调，达到桥下景观的统一性。

随着高架桥、立交桥景观绿化的发展，其绿化已从单一模式转向乔、灌、藤、草以及落叶、常绿、色叶植物搭配的模式，目前我国高架桥、立交桥绿化大多偏向于对植物种类的选择，随着人们对美感的追求，对植物的配置模式的研究也越来越多。高冬梅（2006）对昆明市的16个立交桥绿化植物的配置模式进行了调研，有"乔+灌+草"、"灌+草"和单纯地被3种模式。马晓琳等对北京朝阳区立交桥的绿化植物的配置模式进行了调研，他们将其分为桥壁式、立柱式和边坡式3种模式。吴迪对长沙市立交桥绿化模式进行了调研，发现最近几年多采用落叶和常绿植物搭配种植，用常绿的油麻藤（Mucuna sempervirens）搭配落叶的黄素馨（Jasminum mesnyi）、粉红色蔷薇（Rosa）和白色日本无刺蔷薇（Rosa），美化出空中花廊的效果，桥梁两侧选用时令花卉种植，如栽植石竹（Dianthus chinensis）或三色堇（Viola tricolor）（1~3月）、孔雀草（Tagetes patula）或一串红（Salvia splendens）（4~6月）、夏堇（Torenia fournieri）或长春花（Catharanthus roseus）（7~9月）和四季海棠（Begonia semperflorens）或鸡冠花（Celosia cristata）（10~12月）等，桥梁两侧犹如空中花境。此外，一些立交桥选用了一些适合当地气候的多年生花卉如木春菊（Chrysanthemum frutescens）、黄杏（Prunus armeniaca）、美女樱（Verbena hybrida）、麦冬（Ophiopogon japonicus）、金森女贞（Ligustrum japonicum'Howardii'）、金边黄杨（Buxus megistophylla）搭配攀缘植物，如美女樱（Verbena hybrida）、木春菊（Chrysanthemum frutescens）搭配油麻藤（Mucuna sempervirens），春夏能看到美女樱（Verbena hybrida）开的粉红色花，夏秋是油麻藤（Mucuna sempervirens）开的紫色花，秋冬则是木春菊（Chrysanthemum frutescens）开的黄色花，呈现出"四季常绿、三季观花"的美化效果。丁少江等通过调查发现深圳桥体绿化植物不仅种类、色调比较单一，而且也存在有叶无花和冬季落叶等缺陷，几乎仅有薜荔（Ficus pumila）、异叶爬山虎（Parthenocissus heterophylla）两种植物，为了改变这种现状，通过对11种常绿、花色攀缘植物的生长量、覆盖度、抗逆性和配置效果等方面研究，得出覆盖度高、景观效果好、抗逆性强的植物种［美丽桢桐（Clerodendrum speciosissimum）、桂叶老鸦嘴（Thunbergia laurifolia）、蓝翅西番莲（Passiflora alato-caerulea）］建议挂网单独种植，而变色牵牛（Pharbitis indica）、海刀豆（Canavalia maritima）、蒜香藤（Mansoa alliacea）、小叶双腺藤（Dipladenia sanderi）、炮仗（Pyrostegia venusta）、猫爪花（Bignonia unguis-cati）和黄素馨（Jasminum mesnyi）可以与原有的"薜荔（Ficus pumila）+异叶爬山虎（Parthenocissus heterophylla）"进行种间配置，大叶双腺藤由于有在立交桥下长势弱、覆盖率低、易受病虫害侵染等缺陷，不建议使用。冯婷婷等调查昆明市19座立交桥，发现植物配置类型较多，有"乔+灌+草+藤"（8座）、"乔+灌+草"（3座）、"乔+灌+藤"（3座）、"草+灌+藤"（2座）、"草+藤"（1座）、"草+灌"（1座）、1种灌木（1座）和1种藤本（1座）等植物配置形式。段晓旭等对济南市立交桥绿化进行全面调查，对桥体防护栏、桥体墙下、桥周、桥柱桥墩、匝道间及其局部附属区域的植物配置进行了认真调研，发现很多不足之处，并提出了相应的改进方案，为济南市桥体绿化提升提出合理化配置与应用建议。柯屹恒对成都市桥体绿化植物的配置进行了分析，得出立面结构I-中央单柱式（桥柱）可配置络石（Trachelospermum jasminoides）、金银花（Lonicera japonica）、爬行卫矛（Euonymus fortunei var. radi-

cans）、中国地锦（*Parthenocissus semicordata*）、紫藤（*Wisteria sinensis*）、中华常春藤（*Hedera nepalensis var. sinensis*）；立面结构Ⅱ-四根桥柱式（桥柱）在中央桥柱可配置盘叶忍冬（*Lonicera tragophylla*）、金银花（*Lonicera japonica*）、扶芳藤（*Euonymus fortunei*）、络石（*Trachelospermum jasminoides*）、薜荔（*Ficus pumila*）；分车带桥柱可配置西番莲（*Passiflora caerulea*）、紫藤（*Wisteria sinensis*）、中华常春藤（*Hedera nepalensis var. sinensis*）、美国凌霄（*Campsis radicans*）、凌霄（*Campsis grandiflora*）、美国地锦（*Parthenocissus quinquefolia*）、中国地锦（*Parthenocissus semicordata*）。

1.5 桥体绿化的实际效应

1.5.1 吸附有害气体、净化空气

高架桥、立交桥每天都有很多车流通过，必定会产生一氧化碳、一氧化氮和二氧化硫等大量有害气体，而某些绿化植物能够有效地吸收这些氮氧、碳氧有害气体，起到净化空气的作用。如臭椿（*Ailanthus altissima*）、大叶黄杨（*Buxus megistophylla*）和牵牛花（*Pharbitis nil*）等植物都有极强的吸收有害气体的能力，虎尾兰（*Sansevieria trifasciata*）可以吸收空气中的一氧化碳等有害气体，白掌（*Spathiphyllum kochii*）可以吸收空气中的苯、三氯乙稀和甲醛等有害气体，连翘（*Hypericum perforatum*）具有较好的臭氧吸收能力。此外，有些绿化植物还有杀菌作用，如非洲茉莉（*Fagraea ceilanica*）能够杀灭空气中的细菌。

1.5.2 降尘、滞尘

某些桥体绿化植物叶片表面具有茂密的绒毛和分泌黏液的功能，可以吸附空气中的粉尘和灰尘。高架桥、立交桥等下部空间由于空气流通性较差，会积累大量的粉尘和灰尘，通过对高架桥、立交桥进行植物绿化，可以起到很好的降尘、滞尘作用，如榆树（*Ulmus pumila*）、夹竹桃（*Nerium indicum*）、红叶石楠（*Photinia serrulata*）、旱柳（*Salix matsudana*）、洒金桃叶珊瑚（*Aucuba japonica cv. variegata*）、桂花（*Osmanthus fragrans*）等植物的滞尘能力较强，对大气中的粉尘、飘尘等有明显阻拦、过滤和吸附作用。

1.5.3 消减噪声

噪声污染与大气污染、水体污染一样，严重影响人们的生活和健康，高架桥、立交桥担负着城市较大的交通流量，会对附近街道或小区造成一定的噪声污染，对人们的健康以及正常的工作和学习带来一定的负面影响。对高架桥、立交桥等进行垂直绿化，繁茂的绿化植物对声波有散射和吸收作用，通过采用不同绿化植物进行不同的配置，可在不同程度上减弱噪声。调查表明：榆树（*Ulmus pumila*）、桑树（*Morus alba*）和紫丁香（*Syringa oblata*）消减噪声的能力比较强。

1.5.4 调温、调湿

在夏季尤其在我国南方，由于受到强烈的太阳辐射，高架桥、立交桥等桥体附近温度骤然上升，绿色植物可以吸收大量的光能，一般而言，有绿色植物覆盖的表面比地面温度要低6~7度，因此，高架桥、立交桥绿化能有效降低桥区及其周围的温度，减轻夏季城市的热岛效应；在冬季高架桥、立交桥上的绿色植物还具有阻挡寒风和延缓散热的功能。此外，植物的蒸腾作用在一定程度上还具有调湿的功能。

家还有很大差距,可以说我国在桥体绿化方面还处于最初级阶段。高架桥、立交桥等桥体是现代城市建设中不可缺少的一部分,其绿化既是保护生态环境、保持生态平衡的要求,也是城市绿化、创造美好的生活环境的要求,同时可减轻人们的空间压迫感,具有重要的生态效益和社会效益。

此外,还应该注意桥体绿化植物病虫害的防治,应当采取清除菌源、加强栽培管理、早期喷药等综合保护措施。

1.7 小 结

我国开展垂直绿化尤其是桥体绿化相关研究较晚,桥体绿化建设远落后于日本、新加坡和欧美等发达国家,由于重视程度不够,即使在北京、上海和广州这类世界性大城市,桥体绿化的形式单一以及美感的缺失,让普通人对此更加不关心,这表明我国城市桥体绿化尚处于初级阶段,且存在一系列问题,第一,形式单一,缺乏美感的营造,首先,桥体绿化应用技术形式比较单一,大多是地栽,没有采用更多其它绿化形式,绿化技术没有与建筑设计有效结合;其次,"重视绿化,忽视美化"是当前桥体绿化存在的主要问题,目前我国桥体绿化多以观叶植物为主,对于观花、观果的植物应用不够,植物彼此间配置不当,很难给人们生理和心理带来舒适之意。第二,绿化效果难以稳定持久,由于桥体植物生存环境较差(土壤有限,养护管理难度大等),往往绿化效果难以持久保持。为了绿化效果能够长期保持,首选要加强对植物的养护,让其健康茁壮地生长,避免植物过早死亡;其次要选择合适的植物配置形式,突出其美感。第三,桥体绿化植物种类单一,目前绝大多数桥体绿化采用的是爬山虎(*Parthenocissus tricuspidata*),其他植物应用较少,在植物配置上可以选择落叶与常绿、观叶与观花观果等形式,植物种类尽量多元化,最好选择乡土树种。第四,建设成本较高,缺少规划,桥体绿化不同于地面绿化,较高的成本投入和高难度养护管理严重制约着桥体绿化的应用与普及。此外,现阶段有关部门规划还不足,一味地追求平面绿化的速度,对桥体绿化建设没有提出过硬的要求,客观上影响了桥体绿化的实施。

2　桥体绿化相关理论

　　随着我国城市化进程的快速推进,城市交通流量也在不断增长,常规的平面道路交通已经不能满足城市化发展的需要。因此,发展大型桥梁交通成了解决城市交通拥堵问题的重要手段。其中高架桥是城市大型桥梁立体交通体系中的重要一环,对于增加城市路网容量、缓解城市交通压力具有重要作用,是现代交通发展的必然产物。目前,我国各大城市如火如荼地建设高架桥,这虽然在一定程度上缓解了当地的交通压力,但也造成了大量城市土地被新增高架桥所覆盖,由此也衍生出了一系列景观、生态方面的问题,其中桥面下采光不足、雨水缺乏、空气浑浊、噪声污染等生态问题比较严重。在高架桥下空间不能被人们有效利用的同时,土地也失去了植物生长的必要生态条件,这对于宝贵的城市建设用地来说是一种巨大的浪费。

随着时间的推移,越来越多的城市高架桥开始显示出建设初期忽视的问题。20世纪60年代,最早兴建高架桥的美国开始进入"拆桥"、"反桥"时代。90年代,韩国也开始了"拆桥复绿"运动。至今,许多欧洲国家对城市高架桥的建设也是持谨慎态度。然而,由于我国各大中城市的人口和机动车数量增加迅速,道路拥堵情况日趋严重,交通问题已经严重阻碍了城市的发展。因此,兴建高架桥仍为我国各大中城市用于解决交通拥堵问题的主要方式。目前,国内外的高架桥建设技术已经非常成熟,但在高架桥附属空间的有效利用及高品质景观营建方面则仍缺乏成熟的理论和实践参考,往往造成高架桥下部空间成为环境恶劣的消极空间。面对此种情况,需要我们从"环境友好型"、"资源节约型"的可持续发展视角出发,积极寻求高架桥下部空间的利用方法,减少环境消极影响。目前,就国内而言,城市高架桥附属空间基本上采用的是栽植绿化的处理方式。通过对高架桥进行绿化美化,不仅能改善当地生态环境,美化生活环境,还能传播当地的文化特质。

2.1 城市高架桥的定义、类型与结构

2.1.1 城市高架桥的定义

根据李世华(2006)等国内外学者的表述,城市高架桥具有3个典型特征:

(1)高架于陆地上空的桥梁、道路。与传统架于水上、天堑上的桥梁不同,城市高架桥是专为改善现代城市交通而建造的空中道路。

(2)具有连续的桥梁结构。城市高架桥大多由安装在混凝土立柱上的一组连续的梁所组成,长度一般都较长。

(3)主要功能是供机动车通行。城市高架桥主要通行机动车,但也可同时容纳多层交通干线,供汽车、火车、行人、轻轨等通行。

综合城市高架桥的功能和结构特点,城市高架桥可定义为:为了解决城市道路交通问题而在陆地上方架设的立体式道路,其一般由多段高出地面的连续桥梁构成,是典型的现代交通产物。

广义上的城市高架桥包括高架道路、立交桥、跨线桥、高架轨道和人行桥等多种道路类型。狭义的城市高架桥则指专供汽车通行的高架道路、高架路桥。本书所阐述的高架桥,指的是在城市中承担交通运输功能的桥梁,不局限于其本身的运输方式,公路、铁路、轻轨等都在所述范畴之内。

2.1.2 城市高架桥的类型

根据城市高架桥结构、功能、布局等方面的差异性,城市高架桥主要有如表2-1所示的几种分类。

表2-1 城市高架桥类型

序列	分类属性	分类名称
1	功能对象	轨道交通高架桥、汽车交通高架桥、步行高架桥等
2	空间布局方式	延伸型高架桥、交汇型高架桥
3	建筑材料及结构	曲线预应力混凝土连续箱形梁高架桥、正交异性板钢连续箱形梁高架桥、钢与混凝土组合连续箱形梁高架桥、预应力混凝土空心板梁钢筋混凝土高架桥、钢架构高架桥
4	桥体形式	节点型高架桥、带型高架桥和复合型高架桥
5	分布区域	城市区域内高架桥、城市边缘区域高架桥、城市外围区域高架桥
6	整体断面情况	单层高架桥(并列式、分离式)、两层及多层高架桥

注:本表引自殷利华博士论文(2012)。

2.1.3 城市高架桥的结构

高架桥从空间上可分为引桥、正桥和主跨三部分；从结构上可分为上部结构和下部结构两个部分。（1）上部结构：指桥梁位于支座以上的部分，由桥跨结构（也叫承重结构）和桥面构造两部分组成。前者指高架桥中直接承受桥上交通荷载的架空的结构部分，后者则指承重结构以上的各部分（指行车道铺装、排水防水系统、防护栏杆、电力照明设施、隔声板、交通指示与警示设施牌等）。（2）下部结构：指桥梁位于支座以下的部分，也叫支承结构，包括桥墩、桥台以及墩台的基础。

2.2 城市高架桥的空间特征

2.2.1 桥体空间

桥体空间指高架桥构造物主体所构成的空间，包括桥身、立柱、桥梁顶面、护栏等。受不同高架桥的梁部和墩柱形式的影响这些空间会有所不同，如立柱的高度、造型等。

2.2.2 附属空间

高架桥附属空间包括高架桥体正下方的空间、桥体各匝道之间或匝道与城市道路之间围合而成的空间，以及由高架桥所辐射影响的城市空间范围当中的空间。城市高架桥附属空间不同于一般的空间类型，它既属于高架桥的附属空间，又是城市空间的一部分。在如今城市土地资源紧缺的情况下，高架桥附属空间是我们可以大力开发利用的空间资源。

2.2.2.1 附属空间的组成要素

（1）桥体下部空间

桥体下部空间是由桥体下缘面与平面道路所成的空间，处于高架桥桥体正下方投影空间的位置，是整个高架桥附属空间中最重要的空间。该空间受桥体下缘面大小和墩柱高度的影响。

①桥体下缘面

桥体下缘面决定了高架桥附属空间中桥体下部空间的平面大小，是高架桥附属空间的顶面，同时也是限定范围的决定因素，因此，间接地决定了桥体下部空间的平面范围。

②墩柱

墩柱高度是影响高架桥附属空间的另一个因素，它决定高架桥附属空间桥下空间的纵向高度，整个空间是否有压抑感由其决定。墩柱的高矮不仅仅决定了人在其空间中的感受，更直接决定了该空间在利用和景观设计中的主次范围。

（2）桥周与绿岛空间

桥周指高架桥两旁的区域空间。绿岛指由桥体或面道与原有城市道路相互交叉围合后所形成的块状小型空间，其形态受到组成其边缘道路的交叉角度和长度等因素的影响。

（3）高架桥所辐射影响的城市空间

由于高架桥的建造而使桥体外围的自然环境或规划后的绿地环境受到影响，该受影响的空间亦属于高架桥的附属空间。

2.2.2.2 附属空间的形态类别

根据高架桥不同的建设形式,桥下部空间可分为以下几类:

(1)线性空间:带状高架桥的底部空间形态,因桥体走势而呈现出线性的空间形态,具有延伸性、连续性的空间特征,较为常见。

(2)点状空间:点型高架桥以多层互通的形式出现在道路交叉地段,底部空间呈现出点状或团状的空间形态,具有强烈的视线汇聚性。

(3)复合型空间:数条高架桥同时在一个地区穿过的时候,其附属空间就同时具有线性、节点和区域的复合要素。

2.2.2.3 附属空间的属性

从现状来看,现代城市中的高架桥下部空间既是人们生活的公共开放空间,又是环境恶劣的消极空间;既是随着周围环境或社区需求而变化的动态空间,也是具有包容性的多样空间。总的来说,城市高架桥下部空间具有4个典型特征。

(1)权属上的公共性

高架桥是为缓解城市交通而生的,是为市民出行服务的公共设施,具有公共性,其下部空间自然也具有公共性。如在桥下空间适当位置设置人性化的场所,可以很好地满足市民公共活动的需求。

(2)结构上的半开敞性

高架桥下部空间由顶面、基面和桥墩三个部分组成,处于一种半开敞状态。其顶部因桥面遮蔽而覆盖,而桥墩之间的间隔又使得该空间具有开敞的特性。

(3)联系上的过渡性

高架桥给街道空间带来了粗暴的"切口",而开敞的底部空间在空间结构上形成了一个过渡性的中间地带,连接着相邻空间,将两侧不同的空间功能相互联系、转化和渗透,形成多元融合的中间区域。

(4)空间质量的劣势性

高架桥附属空间因其处在桥体下缘面下,得不到充足的阳光,空气污染、采光不足、噪声巨大,对生态环境造成了较大影响,导致空间质量出现劣势性。

2.3　城市高架桥的桥荫变化

桥荫是指高架桥桥体落影所覆盖的所有空间区域。这是一个动态变化的空间区域,其形状、面积受桥体外形、高宽度、分布区域、桥体走向和太阳高度角等因素影响。

受太阳高度角影响,桥体走向对于其所产生的桥荫有重要影响。殷利华(2012)研究得出的数据表明,东西走向高架桥的投影面积在一天之中变化幅度较小,全天阴影都在桥体同一侧,并且与桥体覆盖的平面范围相差不远;南北走向高架桥的投影面积在一天之中变化幅度较大,上、下午分别分布在桥体两侧,并且立柱落影很大。冬至日,南北走向桥体投影可扩至桥体宽度数倍远的距离。桥荫面积最大值通常出现在所在地太阳高度角最低日,而最小桥荫面积通常出现在当地太阳高度角最大日的正午时段。

采用殷利华(2012)对桥荫区的划分方法,桥荫区可细分为完全阴影区(桥荫日照时数≤20%全日照)、经常阴影区(桥荫日照时数为20%~50%全日照)、非经常阴影区(桥荫日照时数≥50%全日照)3个部分。桥面覆盖空间有少部分属于非经常阴影区,部分为经常阴影区,大部分为完全阴影区。经常

阴影区根据桥梁的走向不同,有可能在桥面正投影内,也可能在桥外区域。

2.4　城市高架桥绿化造景的影响因素

2.4.1　客观影响因素

2.4.1.1　交通污染

高架桥车流量很大,会产生大量的尾气和扬尘。汽车的尾气含有 CO_2、NO（氮氧化合物）、碳氢化合物和铅等。尾气和扬尘对于植物的生长会产生不利影响。此外,车流还会带动空气的流动,从而使周边绿化植物蒸发量增大。

2.4.1.2　生态因素

高架桥空间生态环境与一般绿地差别很大,如降水量、温湿度、光照量、土壤条件等都较为恶劣,不利于植物生长。而且不同地点、不同类型的高架桥生态环境条件也是相差悬殊,即使是同一高架桥的不同区域,也存在着生态条件极不均匀的状况。

（1）桥面

桥面绿化主要是指桥体两侧防护栏或种植槽的绿化。桥体防护栏或种植槽位于桥体两侧,一般不受桥体遮光影响,光照率可达到100%。但是,如若种植垂挂类植物,则植物垂挂下来的部分,其光照条件会受桥体走向影响。如果是东西走向桥体,其南向面光照情况较好,而北向面则光照严重不足。如果是南北走向桥体,其东向面和西向面受光照程度相差不大。此外,由于处于桥体两侧,植物会受到汽车尾气和扬尘的影响,并且,由于靠近桥面,夏季温度也会较高,对植物的生长产生不利影响。

（2）桥柱桥墩

桥面和周围建筑物的遮挡,往往造成桥柱桥墩光线严重不足,白天以散射光为主,少有直射光,这对绿化植物的生长较为不利。此外,桥柱桥墩和桥下墙面附近的风向复杂且风力较大,使得攀缘植物难以附着于桥柱生长。并且,桥柱附件土壤中建筑垃圾较多,土壤也较为贫瘠,理化性质也发生了改变。

（3）中央隔离带

中央隔离带位于桥面中央,受阳光直接照射,光照率达100%。但是,由于混凝土材料受阳光照射时升温快,温度也相对较高。因此,夏季时该区域温度会较高。此外,高架桥上大量行驶的机动车,也会提高该区域的温度。

（4）桥体下

由于桥面板的遮挡,城市高架桥下光照严重不足。据陆明珍等人（1997）对上海内环高架桥光照值的测定,发现宽体桥面中间立柱的平均光照只有502lx,部分立柱不足300lx。吴俊义于2000年测定了上海几座代表性高架桥的桥下光照情况,发现徐汇区内环段最小光照率为全日照的2.8%,最大值也仅为5.8%。

同样地,由于桥体遮挡使得桥下少雨水,除桥边缘能淋到少量自然飘雨外,桥下其他大面积空间都不能接收正常的雨水,土壤干旱程度严重。有些高架桥路面雨水收集管口直接对桥下绿地排放,小雨时只有排水管口周围小范围土地有水,若遇大暴雨或雨季,则排水管口附近会变成一片汪洋。

桥体下土壤条件也较差。城市高架桥最初建设时会将原位置大量表土清出,深层土被翻到表层,土中混杂了大量的渣石和其他废弃物。虽然桥荫绿地建设中进行了换土和土壤改良,但土质黏性大,

易板结,透气性差,有机质含量低,保水保肥性能差。此外,桥荫绿地紧邻城市干道,道路扬尘、交通废气等容易在绿地土壤中沉降和聚集。

（5）桥周及绿岛空间

随着一天中光照的偏移,高架桥桥周及绿岛区域都会受到部分桥体遮阴的影响。同时,还会受到桥体上车流扬尘及污染物沉降的影响。土壤也较为瘠薄,不利于植物生长。

（6）周边附属空间

附属绿地受桥体遮光影响较小,且面积开阔,是立交桥区域环境最好、最利于绿化的部分。

2.4.1.3 地理因素

高架桥空间绿化受所在城市的地理位置、高架桥所经过的具体地段环境等地理环境小气候等因素共同作用,故高架桥空间绿化需因地制宜。

2.4.2 主观人为因素

高架桥绿化常遭受人为因素的影响。例如,川流不息的车辆带来严重的汽车尾气、扬尘污染,叶面积灰、积垢严重,往往造成枯梢、枯叶和皱叶,甚至造成生理性霉污病或死亡。根据陈敏等人（2006）的研究结果,高架桥两侧车流量与桥下叶面滞尘量呈正相关。此外,城市高架桥一般位于人流量较大区域,人类活动频繁,绿化区域存在践踏与破坏现象。

2.5 相关计算

2.5.1 风荷载计算

垂直于建筑物表面上的风荷载标准值,应按下述规定强度:

①计算主要受力结构时,应按下式计算:

$$w_k = \beta_z \mu_s \mu_z w_0$$

式中:w_k——风荷载标准值（kN/m^2）;

β_z——高度 z 处的风振系数;

μ_s——风荷载体型系数;

μ_z——风压高度变化系数;

w_0——基本风压（kN/m^2）。

②当计算围护结构时,应按下式计算:

$$w_k = \beta_{gz} \mu_{s1} \mu_z w_0$$

式中:β_{gz}——高度 z 处的阵风系数;

μ_{s1}——局部风压体型系数。

基本风压按《建筑结构荷载规范》（GB 50009 – 2012）给出的 50 年一遇的风压采用,但不得小于$0.3kN/m^2$。

2.5.2 雪荷载计算

屋面水平投影面上的雪荷载标准值,按下式计算:

$$s_k = \mu_r s_0$$

式中：s_k——雪荷载标准值（kN/m^2）；

$\quad\quad \mu_r$——屋面积雪分布系数；

$\quad\quad s_0$——基本雪压（kN/m^2）。

2.6 城市高架桥绿化造景的方法

2.6.1 桥体绿化造景

在当前我国城市用地紧缺的情况下，固定建筑及道路用地已占据了城市建设用地的 65% 以上，因此绿化用地往往严重不足。利用一切可能的空间发展城市立体绿化，是解决城市生产建设用地与生态用地矛盾的有效措施。高架桥桥体绿化属于城市立体绿化方式中的一种。高架桥桥体宽阔、墩柱数量多，正好可以成为城市立体绿化的实施载体。

高架桥桥体绿化指对高架桥本身构造物的绿化，包括桥面、墩柱、中央隔离带、护栏等部位。高架桥桥体绿化不仅能软化和丰富硬质景观的轮廓线，掩盖呆板、单一的水泥建筑物表面，增添高架桥的韵律和活力，还能通过降低风速、遮挡风雨来减轻桥体表面的风化，延长桥梁使用寿命。此外，利用植物的造景、美化功能对现有道路景观进行再创造，还能提升城市的魅力和格调。

2.6.1.1 桥面绿化

高架桥混凝土生硬的桥面容易让人感觉生厌，也会使环境变得冷漠，对其进行绿化处理，能使环境变得优雅怡人。桥面绿化一般是在桥体两侧设置小型种植槽，栽植的植物以灌木和草坪鲜花为宜。对于桥帮和桥壁几乎同一立面的立交桥，可在桥体承重允许的情况下在桥帮栏杆上专门固定栽培箱，种植中华常春藤、云南黄素馨、迎春等垂吊植物。根据广州、深圳、上海等城市的经验，立交桥悬挂绿化植物栽培箱的规格应为 $800mm \times 400mm \times 550mm$，承载力 $> 2000N$，应质坚体轻。考虑到桥面种植环境比较恶劣，选用的植物必须具有较强的抗污染能力、抗旱能力和抗病虫害能力。并且，所选植物材料应四季常绿，生长缓慢而花期尽可能长。待花木长大开花时，高架桥两边能形成良好的景观效果。

2.6.1.2 立柱绿化

高架桥的立柱是人们最易关注到的桥梁结构。无论是沿桥侧辅路行进，还是在桥下穿行，桥柱是跟人最为接近的构件，也是高架桥底部景观的重要部分。高架桥众多的立柱为桥体垂直绿化提供了丰富的载体，它们的绿化已成为垂直绿化的重要内容之一。立柱绿化以吸附能力较强的攀缘植物为最佳，不少缠绕类植物也可以应用。当桥柱较细时可多用缠绕类，桥柱较粗且表面较规则时则可多用吸附类藤木。由于立柱绿化的立地条件比较差，所以选用植物材料一般要求具有浅根性、耐贫瘠、耐干旱、耐荫性、耐寒性较强、易于管理等特点。植物配置可采用"灌木 + 地被 + 攀缘植物/缠绕植物"模式。

2.6.1.3 中央隔离带的绿化

高架桥中央隔离带一般为花坛或者花槽形式，起到一定的隔离作用。对高架桥的中央隔离带进行绿化，可以起到引导视线以及美化道路环境，提高车辆行驶安全性和舒适性的作用。考虑到驾车者的驾车体验，植物在种植与配置上应该具有一定的连贯性，不宜采用比较复杂的配置手法，而是在整齐、统一的前提下给予一些点缀即可。目前，常见的是连贯种植的红继木或杜鹃的绿化带上点缀月季、茶

梅等植物。还有一些是在中央隔离带上设置栏杆,种植藤本植物任其攀缘,既可以防止绿化布局呆板,又可以起到隔离带的作用。

2.6.2 附属空间绿化造景

高架桥附属空间景观是城市景观的重要部分。高架桥附属空间包含了多元的意象要素,因此高架桥附属空间景观也具有多元的景观特征。此空间范围的景观营造虽然与一般的地面景观营造有共同之处,但是在植物选择、配置方式、造景元素、造景手法等方面均应考虑高架桥附属空间这种特定环境之内的生态、功能、区位等多重影响因素。

2.6.2.1 桥体下绿化

桥体下绿化是城市立交桥绿化的重点和难点。该区域绿化对调节城市高架桥区环境,降低污染,美化及保护桥体有着极其重要的作用。但是,受桥下生态条件限制,绿化难度比较大。并且,不同的桥梁结构对于该区域的绿化方式也有较大影响。

(1)单立柱高架桥

对于3m以上的单立柱高架桥,其桥面宽一般不超过5m,因此桥下多为荫地环境,应选择具有一定耐荫性的植物进行绿化。且立柱两侧多为城市道路,植物配置时要注意发挥植物引导视线的作用,并防止相向车流的眩光。植物配置可采用"小乔木+灌木+地被"模式。

对于立柱低于3m的单立柱高架桥,不适合种植小乔木,可以采用"灌木+地被"模式。

(2)双立柱高架桥

双立柱高架桥的桥体宽度一般大于5m,立柱也会较高,桥下环境为荫地环境,因此须选用耐荫性较强的植物,种植模式可采用"小乔木+灌木+地被"。

(3)四立柱高架桥

四立柱高架桥的桥体宽度一般大于10m,立柱较高,桥下两侧为荫地环境,可进行绿化,种植模式可采用"小乔木+灌木+地被"。中央区域为极阴环境,不适宜进行绿化。

2.6.2.2 桥周及绿岛的绿化

桥周绿化是指立交桥两旁的绿化带,一般选择与道路两旁的绿化带保持一致。该区域的绿化一定程度上受到桥体的影响,植物的生长空间得不到全天光照,桥体的遮光率多在30%左右,因此可选用稍耐荫的植物进行绿化造景。植物配置可采用"乔木+小乔木+灌木+地被"模式。

绿岛处于桥体与道路的交汇区,不能种植高大乔木,以免遮挡司机的视线。因此,绿化植物应以灌木和地被为主。绿化方式可采用灌木与小品、置石相结合方式,将绿岛设计成小景观点,在分流、引导车辆安全通行的同时,为城市景观增添亮色。

2.6.2.3 周边附属区域的绿化

随着人们对绿化景观的审美要求的提升,原来以草坪为主的城市高架桥附属绿地绿化模式被逐渐淘汰,取而代之的是模仿森林的自然式绿化模式。因此,绿化的难度也大大提升了。在配置植物时,需要根据不同区域的遮光调节筛选出合适的植物种类,将乔木、灌木、草本、藤本因地制宜进行搭配,形成丰富的层次和宜人的季相色彩。同时,在临近人行道的位置选用合适的绿篱植物,阻挡活动居民对绿地的践踏。

3　桥体绿化材料选择

　　桥体绿化材料是桥体景观建设的物质基础,由于桥体建筑的特殊性,过去主要采用以藤本植物为主的绿化形式,通过藤本植物的攀爬特性和枝条下垂进行绿化装饰,美化桥体。随着现代科技的发展,越来越多的立体绿化材料应用到桥体绿化的设计和建设中去,无论是施工工艺还是景观创造上都体现了材料与现代科技的有机融合,使得桥体景观变得更有生机和活力。选择合适的立体绿化材料是桥体绿化建设的关键。按照材料的用途,桥体绿化材料主要分为桥体绿化容器及基质材料、灌溉系统材料、植物材料、支架及配套设施材料。

3.1　桥体绿化容器及种植基质材料

　　随着现代桥体立体绿化技术的发展,新型高架桥立体绿化在容器、基质上都有很大的改进。

　　目前在桥体绿化中多通过在高架桥柱铺贴或安装容器,两侧悬挂容器,或在高架桥桥面上放置容器来增加绿化植物。现代容器具备重量轻、耐老化、蓄水集水及保温隔热性能好、环保、造型美观、有多种颜色可供选择等特点,既美观又有其实用性。

　　基质的选择要充分考虑桥体建筑特点,筛选轻质、高效的栽培基质可以减少建设费用,并且实现真正的环保理念。好的基质具有重量轻、保水、保肥、缓释等特点,能提供植物必要生长成分;有机物及微量元素丰富,肥力持久;不易发生病虫害。

3.1.1　桥体绿化容器类型

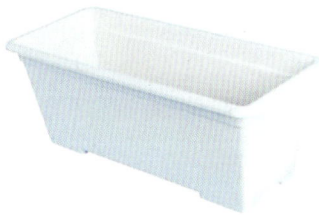

名称:立体绿化箱
型号:X108
规格:650mm×280mm
　　　×250mm
应用:高架绿化

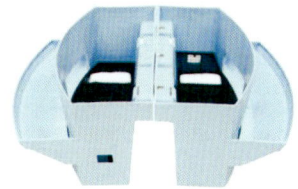

名称:立体绿化箱
型号:X108
规格:650mm×280mm
　　　×250mm
应用:高架绿化

名称:立体鞍式绿化箱
型号:XA5060
规格:500mm×300mm
　　　×250mm
应用:高架绿化

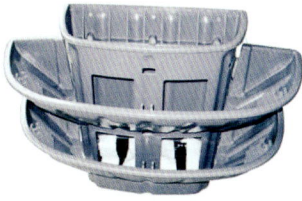

名称：三层鞍式绿化箱
型号：XA6533
规格：650mm×330mm
　　　×390mm
应用：高架绿化

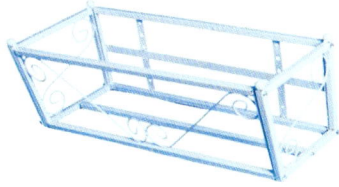

名称：箱式铁架
型号：X109-A1
规格：630mm×260mm
　　　×230mm
应用：高架绿化

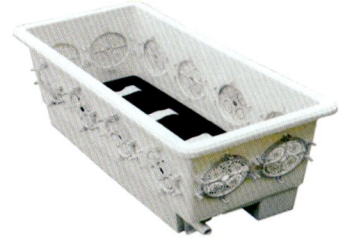

名称：高架桥花箱
型号：X7838-1
规格：780mm×380mm
　　　×340mm
应用：高架绿化

名称：墙面垂直绿化箱
型号：XQ5025
规格：500mm×250mm
　　　×160mm
应用：墙面垂直绿化

名称：抽屉式绿化箱
型号：XQ5057
规格：500mm×570mm
　　　×265mm
应用：墙面垂直绿化

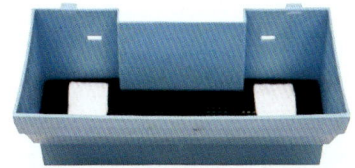

名称：墙面垂直绿化箱
型号：XQ3319
规格：330mm×190mm
　　　×140mm
应用：墙面垂直绿化

名称：墙面直角绿化箱
型号：XQ3319-1
规格：280mm×280mm
　　　×140mm
应用：墙面垂直绿化

名称：有底组合花盆
型号：YC5045
规格：500mm×450mm
　　　×180mm
应用：墙面垂直绿化

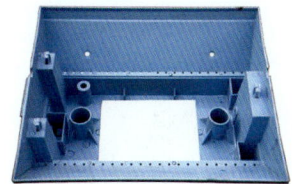

名称：无底组合花盆
型号：YC5045-1
规格：500mm×450mm
　　　×180mm
应用：墙面垂直绿化

名称:卡盆灯杆花柱
型号:Y80180
规格:φ800mm,H1800mm
应用:造景园艺

名称:园艺与球花树
型号:Y060-5
规格:φ600mm,H2500mm
应用:造景园艺

名称:景观花柱
型号:Y110
规格:φ1100mm,H3000mm
应用:造景园艺

名称:景观花墙
型号:Y200
规格:2000mm×1000mm
应用:造景园艺

名称:普通卡盆
型号:Y208
规格:100mm×95mm
应用:造景园艺

名称:储水卡盆
型号:Y209
规格:100mm×110mm
应用:造景园艺

名称:弧形花盆铁架
型号:YH6030-A2
应用:灯杆花柱

名称:弧形花盆托架
型号:YH8040-A
应用:灯杆花柱

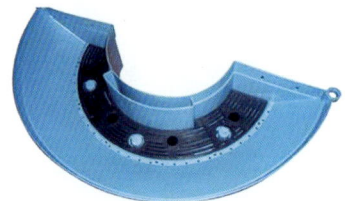

名称:弧形组合花盆
型号:YH8040
规格:800mm×400mm
×180mm
应用:灯杆花柱

名称:立体组合吊盆
型号:Y7532
规格:φ750mm,H315mm
应用:灯杆花柱

名称:球形组合花盆
型号:Y080
规格:400mm×400mm
　　　×400mm
应用:灯杆花柱

名称:球形花盆铁架
型号:Y080-A
应用:灯杆花柱

名称:二层悬挂组合花盆
型号:3518-2
规格:H360mm,L350mm
应用:立体绿化

名称:布袋
型号:3518-3
规格:1m×1.25m 口袋
应用:立体绿化

名称:墙角直角花盆
型号:3518-A
规格:350mm×180mm
应用:立体绿化

名称:立体组合花盆
型号:3525
规格:350mm×250mm
应用:立体绿化

3.1.2 桥体绿化种植基质

3.1.2.1 营养土

营养土是为了满足幼苗生长发育而专门配制的含有多种矿质营养、疏松通气、保水保肥能力强且无病虫害的床土。营养土一般由肥沃的园土与腐熟厩肥混合配制而成。桥体绿化应充分考虑桥梁的承重能力，并根据植物生长的最大体量及桥梁随时间推移其承重能力的变化等因素需要考虑其他基质的加入，主要有泥炭、椰糠、珍珠岩、蛭石、稻壳炭等。

（1）泥炭

泥炭是一种天然沼泽地产物（又称为草炭或是泥煤），无菌、无毒、无污染，通气性能好。质轻、持水、保肥，有利于微生物活动，增强生物性能，营养丰富，既是栽培基质，又是良好的土壤调理剂，并含有很高的有机质、腐殖酸及营养成分。

泥炭

（2）椰糠

椰糠是椰子外壳纤维粉末，是从椰子外壳纤维加工过程中脱落下的一种纯天然的有机质介质。经加工处理后的椰糠适合于培植植物，是目前比较流行的园艺介质。

椰糠

（3）蛭石

蛭石是一种天然、无机、无毒的矿物质，经高温烧制形成。它是一种比较少见的矿物，属于硅酸盐。无病菌和虫卵，干净，质地轻，含有钾、镁、钙以及微量的锰、铜、锌等多种营养元素。

蛭石

（4）珍珠岩

珍珠岩是经膨胀而成的一种轻质、多功能的新型材料。干净、质地轻、无病菌和虫卵；具有良好的排水性、透气性，广泛应用在改良土壤的透气性上。

珍珠岩

（5）浮石（火山石）

浮石是熔岩的岩浆随火山喷发冷凝而成的密集气孔的玻璃质熔岩。因空隙多、质量轻，具有良好保水性和通气性。

浮石（火山石）

（6）稻壳炭

稻壳炭是由稻谷壳碳化而成的，有一定的吸热作用，能减少一定的寒害，质松多孔，具有一定透气性，同时还具有较好的吸附能力，能有效地吸附土壤中的有害物质。

稻壳炭

（7）鹿沼土

鹿沼土是日本栃木县鹿沼市出产的浮岩的总称。通常较圆润，多气孔。其透气性好，保水性佳，酸性较强，通常用于杜鹃花等植物的种植。

鹿沼土

（8）麦饭石

麦饭石是火山喷发之后形成的火山岩，干净、无菌，无杂质，含大量矿物质元素（如钾、磷、稀有微量元素等），有很好的净化水质功能。

麦饭石

（9）赤玉土

赤玉土是由火山灰堆积而成的，是运用最广泛的一种土壤介质。它也是在日本运用最广泛的一种栽培介质；是高通透性的火山泥，暗红色圆状颗粒；没有有害细菌，pH 值呈微酸。其形状有利于蓄水和排水。

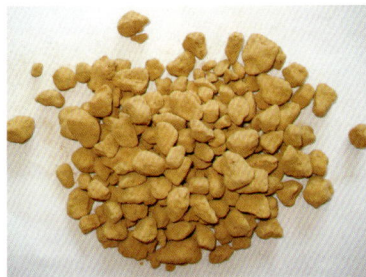

赤玉土

3.1.2.2　生物炭绵

生物炭绵是一种用各种生物炭、草炭、珍珠岩、缓释肥、高分子聚合物等经过科学加工制作成的无土营养钵，可用于种植各种植物。

它具有干净、卫生、保水、透气、生根性好、成活率高、管理方便等优势，适合桥体绿化培育。

生物炭绵

3.1.2.3　生物保水砖

生物保水砖是一款环保的新型材料，是利用废弃材料经过纳米黏合烧制技艺，使其在高温烧制过程中发泡膨胀后再冷却形成的一种多孔、轻质的无机产品。在吸水、保水、节水、净水、渗透水等方面表现优越，多气孔的构造使其拥有超强的吸水性，可以保存大量水分。

生物保水砖

3.1.2.4　垒土

垒土是以秸秆、棉花秆、泥炭土等农林废弃物为主要原料,根据植物根系良好生长所需的营养基并添加特定材料而构造生产出的一种固化可塑成型的纤维培养土。垒土基质产品具有结构稳定、疏松透气、无异味、耐久性强、保温性好、排水性强、轻量化、宜于植物生长等明显优势。

垒土

3.1.2.5　水苔

水苔是天然的苔藓植物,又名水草、泥炭藓。其质地十分柔软,并且吸水力极强,吸水量相当于自身重量的15～20倍,保水时间长,透气,广泛用于各种植物的栽培。

水苔基质

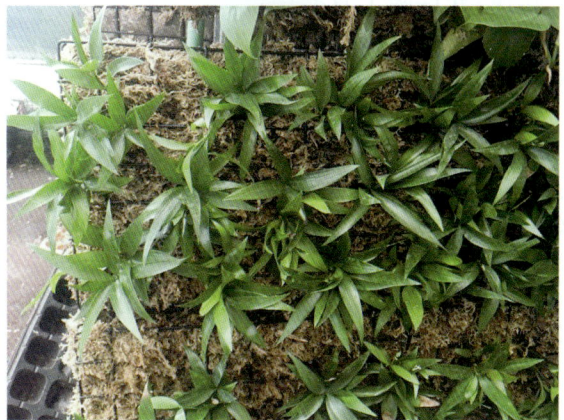

水苔基质栽植植物

3.2　灌溉系统材料

灌溉系统是集自动控制技术、传感器技术、通信技术、计算机技术等于一体的灌溉管理系统。它通过现代化的科学技术手段,达到降低人力成本、提高自动化生产效率和节约水肥资源的目的。桥体绿

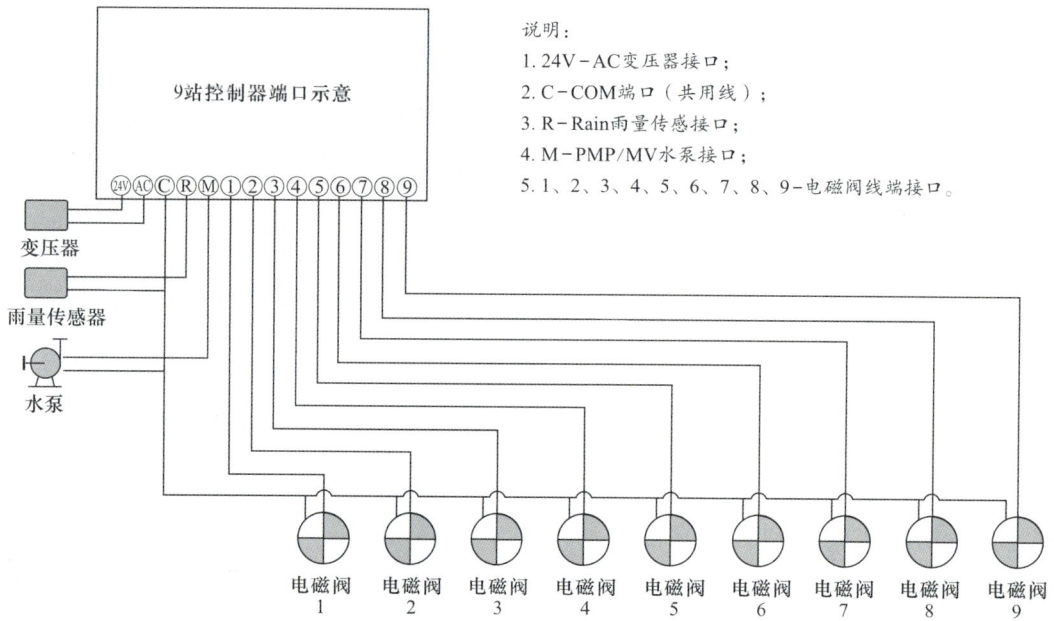

说明:
1. 24V-AC变压器接口;
2. C-COM端口(共用线);
3. R-Rain雨量传感接口;
4. M-PMP/MV水泵接口;
5. 1、2、3、4、5、6、7、8、9-电磁阀线端接口。

多站点灌溉定时控制器安装简易图

3.2.4 给排水管道

常用给排水管道按照材质大致分为4类:PE 给水管、PPR 给水管、U-PVC 给水管和镀锌钢管。桥体灌溉系统一般采用 PE 给水管,由于其强度高、耐腐蚀、无毒等特点,被广泛应用。因为 PE 给水管不会生锈,所以是替代普通铁给水管的理想管材。

按照规格 PE 给水管大致分为 DN20、DN25、DN32、DN40、DN50、DN63、DN75、DN90、DN110、DN160、DN200 等。

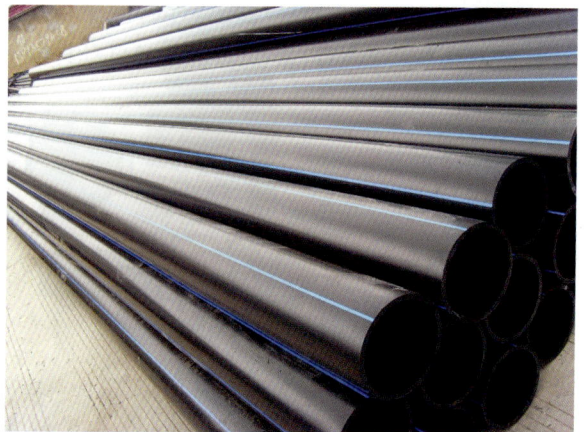

PE 给水管

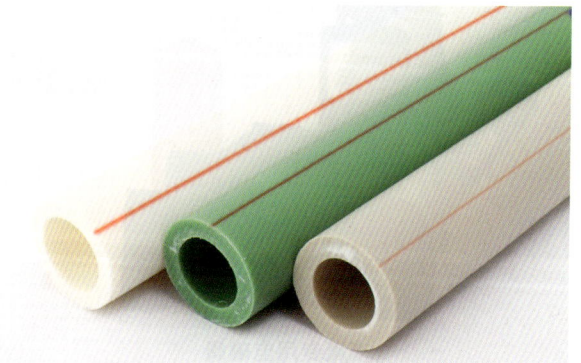

PPR 给水管

3.2.5　微灌

微灌是按照植物需求,通过管道系统与安装在末级管道上的灌水器,将水和植物生长所需的养分以较小的流量,均匀、准确地直接输送到作物根部附近土壤的一种灌水方法,具有省水、省工、节能、灌水均匀、对土壤和地形的适应性强等优点。微灌一般分为滴灌、喷灌、小管出流灌溉和微喷等。

3.2.5.1　滴灌

滴灌是利用塑料管道将水通过直径约10mm毛管上的孔口或滴头送到作物根部进行局部灌溉的灌溉方式。常见的滴灌配件有滴灌管堵头、旁通、直通、三通、外丝旁通阀、压力补偿滴头、稳流器、滴箭等。

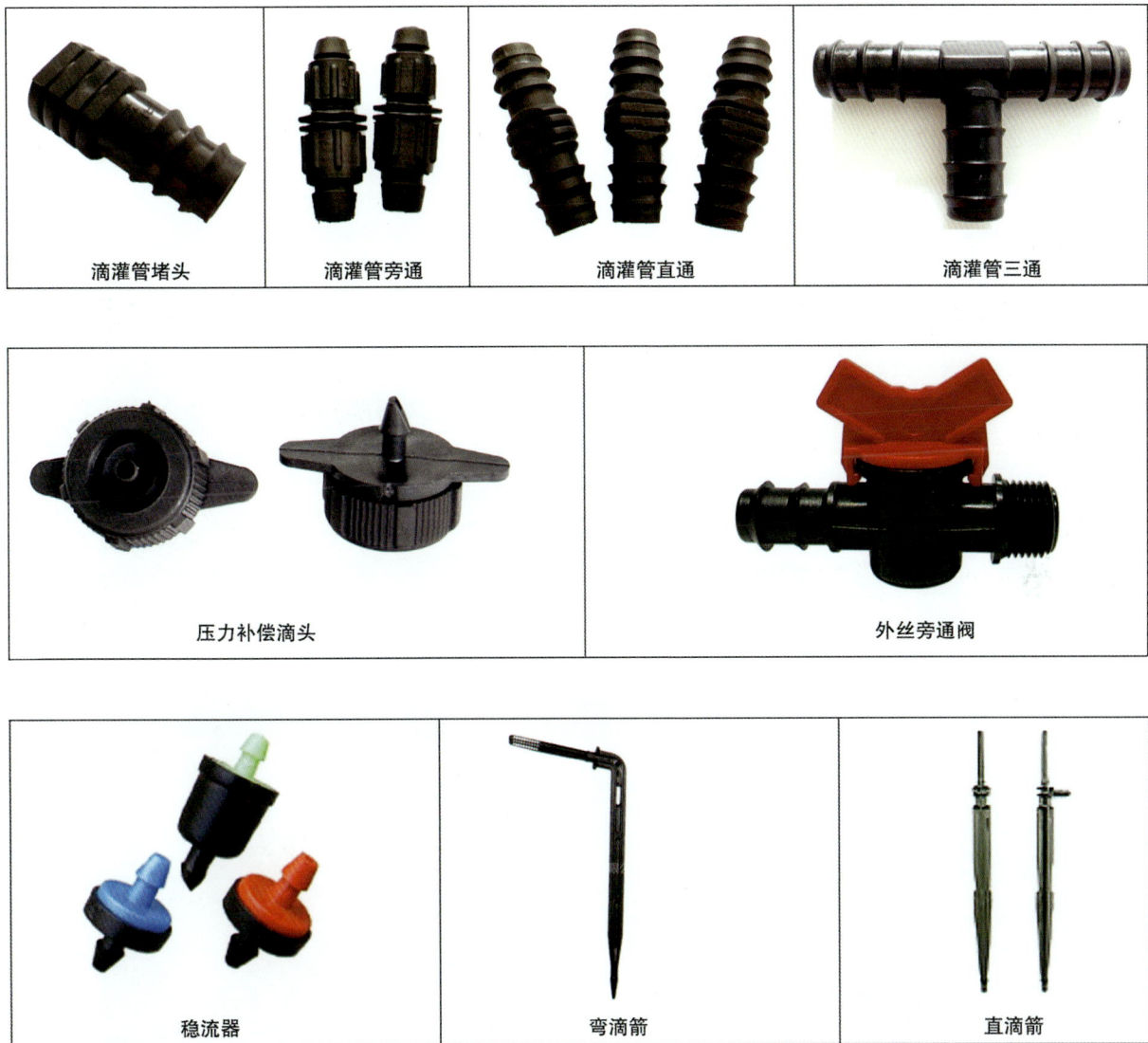

| 滴灌管堵头 | 滴灌管旁通 | 滴灌管直通 | 滴灌管三通 |

| 压力补偿滴头 | 外丝旁通阀 |

| 稳流器 | 弯滴箭 | 直滴箭 |

3.2.5.2　喷灌

喷灌是借助水泵和管道系统或利用自然水源的落差,把具有一定压力的水喷到空中,散成小水滴或形成弥雾降落到植物上和地面上的灌溉方式。它具有节省水量、不破坏土壤结构、调节地面气候且不受地形限制等优点。

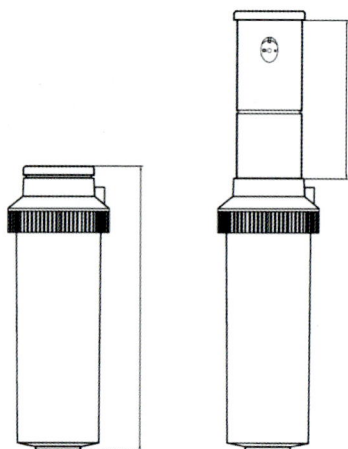

地埋齿轮喷头

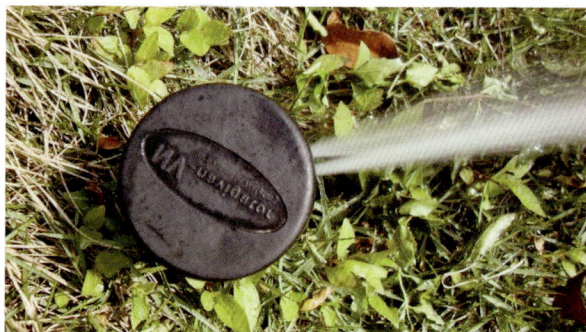

齿轮旋转喷灌实景

弹出高度
10cm

埋深深度
14cm

地埋旋转射线喷头尺寸

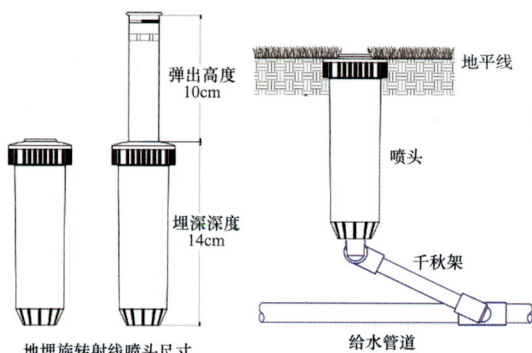

地埋散射喷头

地平线

喷头

千秋架

给水管道

地埋喷头连接装置

地埋散射喷灌实景

射线喷头

射线喷灌实景

摇臂喷头

摇臂喷灌实景

3.2.5.3 小管出流灌溉(涌泉灌)

小管出流灌溉是用塑料小管与插进毛管管壁的接头连接,把来自输配水管网的有压水以细流(或射流)形式灌到作物根部的地表,再以积水入渗的形式渗到作物根区土壤的一种灌溉形式。在桥体绿化建设中,因其所独有的大流量、抗堵塞、安装维护方便等优点,具有其他类型灌溉设备无法比拟的优势。

小管出流实景

3.2.5.4 微喷

微喷是利用折射式、旋转式或辐射式微型喷头将水喷洒到作物枝叶等区域的灌水形式。微喷的工作压力低,流量小,既可以增加土壤水分,又能提高空气湿度,起到调节局部小气候的功效,应用十分广泛。

微喷实景

微喷带(喷水带)

旋转式微喷头

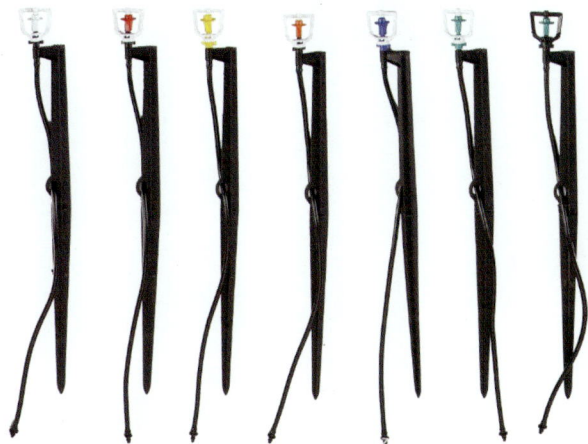

地插微喷

3.2.6　注肥泵

　　通过注肥泵向系统中添加肥料、药品、各种添加剂等介质,可以实现喷药、施肥、消毒、杀虫、杀菌、防腐、改变流体特性等多种目的。安装和维护方便;投加比例调节灵活;直接安装在供水管上,无须电力,而以水压作为工作的动力;使用方便,只要打开水源即可;精确的自动比例投加混合,不受水的流量压力波动影响;无论流进管线的水流量和压力如何变化,注入的溶液剂量总是与流进水管的水量成正比,外部调节比例,灵活方便;具有完整的定量投加及混合功能。

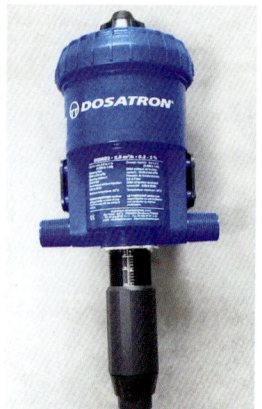

注肥泵

3.3　支架及配套设施材料

　　为了保证藤本植物攀爬、种植容器固定所需相关支架及配套设施进行固定,固定设施应满足容器及植物的有效种植荷载,支架、连接器及其他附属物必须牢固、耐久且应定期维修保养,对原有桥体不能造成破坏作用。新建桥体应在设计阶段充分考虑沿口种植槽或种植箱位置预留,且结构强度应满足最大有效荷载条件下的施工作业。种植槽或种植箱附于栏杆设置时,固定构件不应附着于栏杆扶手。配套设施安装的位置应方便后期养护管理。常见的桥体绿化支架及配套设施包括固定支架、植物攀爬绳网、耐根穿刺防水卷材等。

3.3.1 固定支架

固定支架主要起到固定桥体绿化的容器或植物攀爬网的作用。固定结构件结构采用型钢、不锈钢、铝合金等材料。其中型钢中的轻钢结构被广泛应用。其特点是受力合理、牢固、重量轻,保证系统稳定、安全;轻钢结构隐藏于植物内部;采用部分悬挂结构,减少在桥体上直接钻孔、焊接等,五金零部件协助固定结构件,安装简便、美观;不易锈蚀,后期更换、检修种植容器更加方便。攀爬或支撑结构的钢构件验收应符合《钢结构施工质量验收规范》(GB50205 – 2001)相关规定。

型钢材料应用在桥体绿化中,按其断面形状主要有扁钢、工字钢、槽钢、角钢等。

扁钢

工字钢

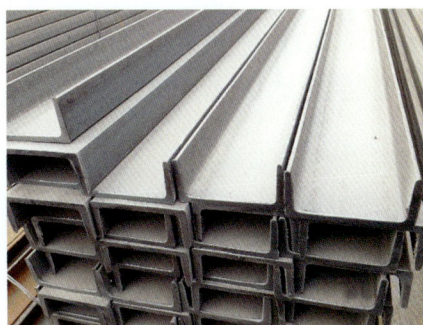

槽钢

角钢

3.3.2　植物攀爬绳网

3.3.2.1　金属丝网

金属丝网是用钢丝、铅丝或其他金属丝编织而成。主要供藤本植物攀爬或附着所用,通常孔口直径不小于2cm。具有轻量化、高强度、耐腐蚀、破断力大、整体结构坚固耐用、柔软、安装灵活方便等特点。

金属丝网

3.3.2.2　拉索

对于缠绕能力强的藤本植物,能攀附拉索向上生长。由于桥体绿化高度较大,一般拉索采用钢绞线拉索外套塑料管,根据抗拉设计值选配相应直径的拉索,钢丝强度要根据设计符合要求。拉索具有安装方便、柔软、抗拉力强等特点。

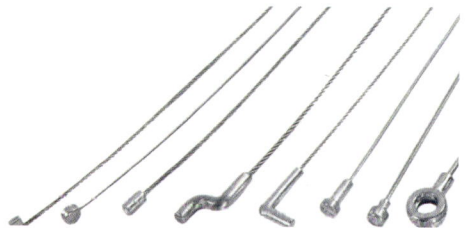

拉索

3.3.2.3　钢塑土工格栅

由高强度钢丝通过高密度聚乙烯包裹成高强度抗拉条带,按平面经纬成直角,经过超声波焊接成型的土工合成材料。钢塑土工格栅具有强度大、耐蠕变、承载力强、抗腐蚀、防老化、摩擦系数大、网眼均匀等特点。

钢塑土工格栅

3.3.2.4　尼龙网

尼龙网是以尼龙丝、涤纶丝等化学纤维为原料,经丝网机械加工而成的化纤编织网,其中尼龙有耐高温耐碱之功能。它具有韧性高、弹性好、耐腐蚀、耐油、耐水、耐磨、耐高温、耐候性等特点;还具有绝缘性好、润滑系数低等特性。

尼龙网

3.3.3　耐根穿刺防水卷材

耐根穿刺防水卷材指工程防水施工中使用的一种防水材料。其中一种聚氯乙烯双面复合耐根穿刺防水卷材以铜胎基作为阻根防水层,具有耐植物根(或根状茎)穿刺性能强、黏结力强、稳定性好、低温柔性和耐热性好、耐化学腐蚀及抗辐射能力强等特性。一般传统防水卷材以及普通高分子防水材料、各类防水涂料都无法满足建筑种植系统的要求,因为这些材料不具有抗根穿刺性能,很容易被植物根尖穿透,造成建筑体破坏和渗漏,直接导致建筑种植绿化的失败。

耐根穿刺防水卷材

3.4　植物材料

由于桥体的生态条件比较特殊,如污染严重、水分供应难、桥面下光照不足等,因此对立交桥进行绿化的植物选择首先应以乡土树种为主,并且尽量选用具有较强抗逆性、易于管理、生长状态好的植物。适宜桥体桥柱绿化的植物种质资源主要以藤本植物为主,利用藤本植物的攀爬特性和枝条下垂进行绿化,也可以使用墙面立体绿化种植容器中的小灌木、草本等非藤本植物铺贴桥体建筑表面。桥体中央隔离带和防护栏的绿化一般是在中央隔离带或两侧栏杆设置花槽,栽植色彩鲜艳的花卉或小灌木、草本攀缘植物来点缀和美化景观。在实际应用中桥体绿化植物种质资源应选择适应桥体环境、易于养护、快长的藤本乡土植物为主。

3.4.1 · 藤本类植物种质资源

3.4.1.1 藤本月季

科属:蔷薇科·蔷薇属

形态特征:植株松散型,干茎柔软细长呈藤木状或蔓状。本身无攀缘器官,需人工进行搭架或绑扎,牵引向上,高可达3~4m,花单生或聚生,花茎5.5~13.0cm,花型各异,花色多样,花期较长,可三季开花,且成簇花开放时散发浓香。

生长习性:性喜阳光,光照不足时茎蔓细长弱软,花色变浅,花量减少。喜温暖背风、空气流通的环境。适合在肥沃、疏松、排水良好的湿润土壤中生长,土壤过湿则易烂根。

分布:中国各地多栽培,以河南南阳最为集中,耐寒(比原种稍弱)。

品种:艾拉绒球(*Rosa* ′pomponella′) ···

培育:德国。

花香:微香。

花径:小。

树高:1.5m。

类型:中小型藤本。

观赏特点:深粉红色的小球形花朵,一簇簇地盛开,可以多季节重复盛开;非常丰花,整体效果惊人;枝条浓密,叶子光泽呈暗绿色。

艾拉绒球花

艾拉绒球容器小苗

品种:大游行(*Rosa* ′Parade′) ···

培育:美国。

花香:淡香。

花径:大。

树高:3m以上。

类型:大型藤本。

观赏特点:花粉红至玫红,重瓣,翘角,花艳,花型好,勤开,花期长,夏季花略少;中等香,立体绿化主力品种。

| 大游行花 | 大游行植株 |

品种:粉色龙沙宝石(*Rosa* ′Pierre de Ronsard′ **)** ·····································

培育:法国。

花香:微香。

花径:大轮。

树高:2～6m。

类型:大型藤本。

观赏特点: 白色的花瓣带有粉红的晕圈;球状盛开;表现为一季,其他季节偶尔开花;经典的全球深爱的藤本之一。

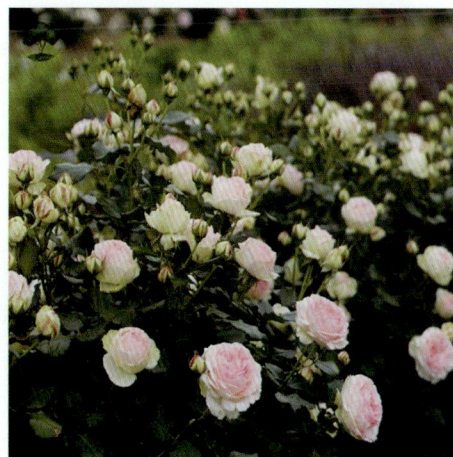

| 粉色龙沙宝石花 | 粉色龙沙宝石植株 |

品种:佛罗伦萨(*Rosa* ′Florentina′ **)** ···

培育:德国。

花香:微香。

花径:大轮,平均直径9cm。

树高:2m。

类别:小藤本。

观赏特点: 花红色,花型杯状到平坦式开放;多季节重复盛开,长势强健,可强剪为灌木;抗病性好。

佛罗伦萨花

佛罗伦萨植株

品种:格拉汉托马斯(*Rosa 'Graham Thomas Climbing'*) ························

培育:英国。

花香:强茶香味。

花径:大,花瓣可达35cm。

树高:1.5～3.05m。

类别:中大型藤本。

观赏特点:花色深黄,多季节重复开花;强壮,有一定的攀缘性。

格拉汉托马斯花

格拉汉托马斯植株

品种:欢笑格鲁吉亚(*Rosa 'Teasing Georgia'*) ························

培育:英国。

花香:强香。

花径:大。

树高:1.05～2.40m。

类型:小型藤本。

观赏特点:花瓣中心深黄色,外层花瓣逐渐展开,并以浅色示人,形成双色效果,花型为精致的杯状,带有强烈的茶香味;抗寒,抗病,重复开花。

欢笑格鲁吉亚花

品种:红色龙沙宝石(*Rosa* ′Red Eden Rose′) ··

培育:法国。

花香:中香。

花径:中大。

树高:3.65~4.55m。

类型:大型藤本。

观赏特点:花色暗红色;多季节重复盛开;抗病性好,长势好;枝条粗壮,直立,小时候不能作藤本,两三年后才可以。

红色龙沙宝石花

红色龙沙宝石植株

品种:小伊甸园(*Rosa* ′Mimi Eden′) ···

培育:法国。

花香:微香。

花径:小轮,花瓣30~60枚,平均直径4~5cm。

树高:1.20m。

类型:小型藤本。

观赏特点:白色的花瓣带有粉红的晕圈;球状盛开;表现为一季,其他季节偶尔开花;经典的全球深爱的藤本之一。

小伊甸园花

小伊甸园植株

品种:夏洛特夫人(*Rosa* 'Lady of Shalott') ···

培育:英国。

花香:强香。

花径:大。

树高:1.20m。

类型:小型藤本。

观赏特点:背面橙黄色,边缘粉红色,球状;具有很好的抗性,多季节内不寻常地连续盛开。

夏洛特夫人花

夏洛特夫人植株

品种:藤本浪漫宝贝(*Rosa* 'Baby Romantica Climbing') ·····························

培育:法国。

花香:淡香。

花径:中。

树高:2m 以上。

类型:中大型藤本。

观赏特点:黄色橙色混合,背面呈金黄色,内面红橙色;色彩丰富,花瓣大约 100 瓣;抗病性好;集群开放,枝条长,可造型。

藤本浪漫宝贝花

藤本浪漫宝贝植株

品种:印象派(*Rosa* ′The Impressionist′)　·······························

培育:美国。

花香:强香。

花径:大。

树高:1.8m 以上。

类型:中大型藤本。

观赏特点:桃色、杏色、橙色、黄色复合,带有老玫瑰花香。

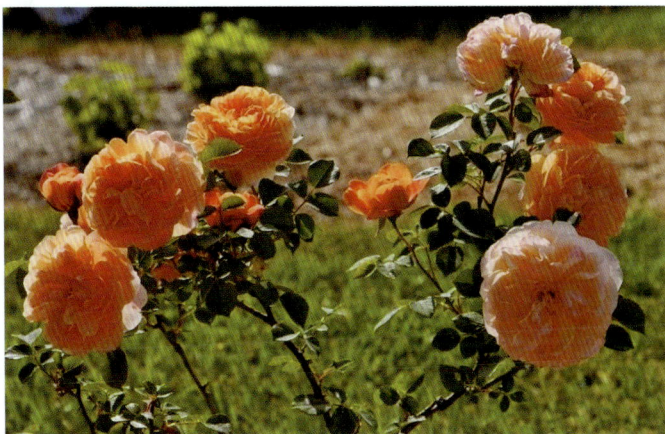

印象派花　　　　　　　　　　　　　印象派植株

品种:薰衣草花环(*Rosa* ′Lavender Bouquet′)　·····················

培育:日本。

花香:淡香。

花径:中。

树高:2m 以上。

类型:藤本。

观赏特点:花色为薰衣草紫色,唯美的梦幻色调,花瓣多。

薰衣草花环花　　　　　　　　　　　薰衣草花环植株

品种:自由精神(*Rosa* 'Spirit of Freedom') ··························

培育:英国。

花香:强香。

花径:大。

树高:1.85m。

类型:中大型藤本。

观赏特点:浅粉色丁香色的花朵,有浓郁迷人的大马士革玫瑰花香;多季节重复开花;株型高大,攀缘性强,蔓延力强。

自由精神花

品种:圣斯威辛(*Rosa* 'St. Swithun') ··························

培育:英国。

花香:浓香。

花径:大。

树高:0.9~1.5m。

类型:灌木。

观赏特点:杯形花朵,褶边,粉红色,花衰败时边缘呈白色;开花重复性好;生长有活力,抗病;是最好的攀缘月季之一。

圣斯威辛花

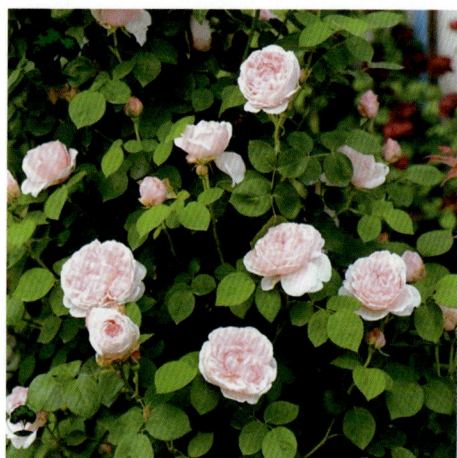

圣斯威辛植株

3.4.1.2　大籽猕猴桃(*Actinidia macrosperma* C. F. Liang)

科属:猕猴桃科·猕猴桃属

形态特征:中小型落叶藤本或灌木状藤本;着花小枝淡绿色,长 5~20cm,一般 12cm,直径 2~2.5cm,无毛或下部薄被锈褐色小腺毛,皮孔不显著或稍显著,叶腋上偶见花柄萎断后残存的刺状遗体。叶卵形或椭圆形,顶端渐尖、急尖至浑圆形,基部阔楔形至圆形,两侧对称或稍不对称,边缘有斜锯齿或圆锯齿。花常单生,白色,芳香。果成熟时橘黄色,卵圆形或球圆形,果皮上无斑点,种子粒大,长 4~5mm。

生长习性：浅根植物,不耐干旱。喜温暖、湿润及阳光充足的环境,耐热、耐瘠,有一定的耐寒性;喜疏松、肥沃及排水良好的微酸性土壤。

分布：广东、湖北、江西、浙江、江苏、安徽等地,生于丘陵或低山地的丛林中或林缘。

大籽猕猴桃植株

大籽猕猴桃扦插苗

大籽猕猴桃叶

大籽猕猴桃花

大籽猕猴桃果

3.4.1.3　南五味子(*Kadsura longipedunculata* **Finet et Gagnep.**)

科属：木兰科·南五味子属

形态特征：常绿木质藤本,叶长圆状披针形、倒卵状披针形或卵状长圆形,花被片白色或淡黄色。花期6~9月,果期9~12月。

生长习性：喜温暖湿润气候,适应性很强,对土壤要求不太严格,喜微酸性腐殖土。

分布：江苏、安徽、浙江、江西、福建、湖北、湖南、广东、广西、四川、云南等地。

南五味子植株

南五味子缠绕方式

南五味子果

南五味子花

南五味子扦插苗

3.4.1.4　蔓胡颓子（*Elaeagnus glabra* Thunb.）

科属：胡颓子科·胡颓子属

形态特征：常绿蔓生或攀缘灌木。幼枝密被锈色鳞片。叶革质或薄革质，卵形或卵状椭圆形，稀长椭圆形。花淡白色，下垂，密被银白色和散生少数褐色鳞片，常3～7花密生于叶腋短小枝上成伞形总状花序。果实矩圆形，成熟时红色。花期9～11月，果期次年4～5月。

生长习性：耐干旱瘠薄，具根瘤。

分布：江苏、浙江、福建、台湾、安徽、江西、湖北、湖南、四川、贵州、广东、广西等地。

蔓胡颓子植株

蔓胡颓子扦插苗

蔓胡颓子果

蔓胡颓子花

3.4.1.5 流苏子[*Coptosapelta diffusa*（Champ. ex Benth.）Van Steenis]

科属：茜草科·流苏子属

形态特征：藤本或攀缘灌木，长通常 2～5m。单叶对生，叶片近革质，卵状披针形至披针形。花冠白色或淡黄色，高脚碟状。花期 6～8 月；果期 7～9 月。

生长习性：山地或丘陵的林中或灌丛中。

分布：安徽、浙江、江西、福建、台湾、湖北、湖南、广东、香港、广西、四川、贵州、云南等地。

流苏子植株　　　　　　　　　流苏子花　　　　　　　　　流苏子叶

3.4.1.6 香花鸡血藤[*Callerya dielsiana*（Harms）P. K. Locex Z. Wei & pedley]

科属：豆科·鸡血藤属

形态特征：常绿木质藤本；小叶 5 枚，小叶片椭圆形、长圆形、披针形或卵形；圆锥花序顶生，花冠紫红色；荚果近木质，线性；花期 6～7 月，果期 9～11 月。

生长习性：生于山坡杂木林与灌丛中，或谷地、溪沟和路旁。

分布：陕西（南部）、甘肃（南部）、安徽、浙江、江西、福建、湖北、湖南、广东、海南、广西、四川、贵州、云南等地。

香花鸡血藤植株

香花鸡血藤花　　　　　　香花鸡血藤容器苗　　　　　　香花鸡血藤扦插苗

3.4.1.7 珍珠莲[*Ficus sarmentosa* Buch. – Ham. ex J. E. Sm. var. henryi（King ex Oliv.）Corner]

科属：桑科·榕属

形态特征：常绿攀缘或匍匐藤状灌木；叶片互生，革质，卵状椭圆形，先端渐尖，基部圆形至楔形。榕果成对腋生，圆锥形；花期4～5月，果期8月。

生长习性：生于阴湿山地灌木丛中。

分布：云南、四川等地。

珍珠莲植株

珍珠莲容器苗

3.4.1.8 黑老虎[*Kadsura coccinea*（Lem.）A. C. Smith]

科属：木兰科·南五味子属

形态特征：藤本，长3～6m，全株无毛；叶革质，长圆形至卵状披针形，花单生于叶腋，稀成对，雌雄异株，花被片红色；聚合果近球形，红色或暗紫色；花期4～7月，果期7～11月。

生长习性：生于山地疏林中，常缠绕于大树上。

分布：江西、福建、湖南、广东、广西、四川、贵州、云南等地。

黑老虎植株

黑老虎花

黑老虎缠绕方式

黑老虎果

黑老虎扦插苗

3.4.1.9 络石 [*Trachelospermum jasminoides*（Lindl.）Lem.]

科属：夹竹桃科·络石属

形态特征：常绿藤本,茎赤褐色,幼枝被黄色柔毛,有气生根。常攀缘在树木、岩石墙垣上生长;初夏5月开白色花,形如万字符"卍",芳香。

生长习性：能耐寒冷,亦耐暑热,但忌严寒;喜湿润环境,忌干风吹袭;喜弱光,亦耐烈日高温;攀附墙壁,阳面及阴面均可。对土壤的要求不苛,一般肥力中等的轻黏土及沙壤土均宜,酸性土及碱性土均可生长,较耐干旱,但忌水湿。

分布：山东、安徽、江苏、浙江、福建、台湾、江西、河北、河南、湖北、湖南、广东、广西、云南、贵州、四川、陕西等地。

络石植株

黄金络石植株

五彩络石植株

意大利络石植株

意大利络石扦插苗

意大利络石气生根

意大利络石容器小苗

3.4.1.10 常春藤 [*Hedera nepalensis* K,Koch var. *sinensis*（Tobl.）Rehd]

科属：五加科·常春藤属

形态特征：常绿攀缘灌木,茎长3～20m,有气生根;叶片革质,在不育枝上通常为三角状卵形或三角状长圆形,稀三角形或箭形,边缘全缘或3裂。伞形花序单个顶生,或2～7个总状排列或伞房状排列成圆锥花序。花期9～11月,果期次年3～5月。

生长习性：极耐荫,也能在光照充足之处生长。喜温暖、湿润环境,稍耐寒,能耐短暂的 −5 ～ −7℃ 低温。对土壤要求不高,但喜肥沃疏松的土壤。

分布：北自甘肃东南部、陕西南部、河南、山东,南至广东、江西、福建,西自西藏波密,东至江苏、浙江的广大区域内均有生长。

中华常春藤植株

中华常春藤叶

3.4.1.11　常春油麻藤（*Mucuna sempervirens* **Hemsl.**）

科属：豆科·油麻藤属

形态特征：常绿木质大型藤本植物，其藤茎可长达 25m，羽状复叶具 3 小叶，喜光，适应性强、生长快、观赏性较强；是棚架和垂直绿化的优良藤本植物。

生长习性：耐荫，喜光、喜温暖湿润气候，适应性强，耐寒，耐干旱和耐瘠薄，对土壤要求不严，喜深厚、肥沃、排水良好、疏松的土壤。

分布：四川、贵州、云南、陕西南部（秦岭南坡）、湖北、浙江、江西、湖南、福建、广东、广西等地。

常春油麻藤花

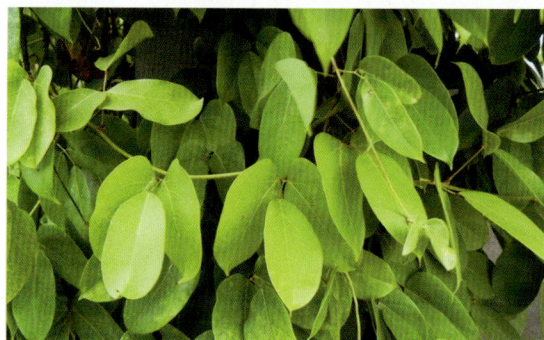

常春油麻藤叶

3.4.1.12　薜荔（*Ficus pumila* **Linn.**）

科属：桑科·榕属

形态特征：常绿木质藤本，叶二型。喜光也耐荫、耐寒、耐旱。叶厚实，果实奇特。常用的立体绿化植物之一，与落叶观花藤蔓配植能形成四季常青、花果并茂的观赏效果。

生长习性：在土壤湿润肥沃的地区都有野生分布，多攀附在村庄前后、山脚、山窝以及沿河沙洲、公路两侧的古树、大树和断墙残壁、古石桥、庭院围墙等。薜荔耐贫瘠，抗干旱，对土壤要求不严，适应性强；根浅，幼株耐荫。

分布：福建、江西、浙江、安徽、江苏、台湾、湖南、广东、广西、贵州、云南东南部、四川及陕西等地。

薜荔植株　　　　　　　　　　　薜荔叶　　　　　　　　　　　　薜荔果

3.4.1.13　木香(*Rosa banksiae* Ait.)

科属:蔷薇科·蔷薇属

形态特征:半常绿攀缘灌木;树皮红褐色,薄条状脱落;小枝绿色,近无皮刺;奇数羽状复叶,小叶 3 ~5 枚,椭圆状卵形,缘有细锯齿;伞形花序,花白或黄色,单瓣或重瓣,具浓香。

生长习性:喜阳光,较耐寒,畏水湿,忌积水,要求肥沃、排水良好的砂质壤土;萌芽力强,耐修剪;花期 5 ~6 月。

分布:四川、云南等地。全国各地均有栽培。

木香植株　　　　　　　　　　　　　　　　　木香花

3.4.1.14　紫藤[*Wisteria sinensis*(Sims) Sweet]

科属:豆科·紫藤属

形态特征:落叶藤本。一回奇数羽状复叶互生,小叶对生,有小叶 7 ~13 枚,卵状椭圆形,先端长渐尖或突尖,叶表无毛或稍有毛,侧生总状花序,长达 30 ~35cm,呈下垂状,花紫色或深紫色;荚果扁圆条形,长达 10 ~20cm,密被白色绒毛;花期 4 ~5 月,果熟 8 ~9 月。

生长习性:较耐寒,能耐水湿及瘠薄土壤,喜光,较耐荫;以土层深厚、排水良好、向阳避风的地方栽培最适宜;主根深,侧根浅,不耐移栽;生长较快,寿命很长;缠绕能力强,它对其他植物有绞杀作用;三月现蕾,四月盛花,每轴有蝶形花 20 至 80 朵。

分布:河北以南黄河长江流域及广西、贵州、云南。

紫藤植株

紫藤叶

紫藤花

3.4.1.15 凌霄[*Campsis grandiflora*（Thunb.）Schum.]

科属:紫葳科·凌霄属

形态特征:攀缘藤本,茎木质,表皮脱落,枯褐色,以气生根攀附于它物之上;叶对生,为奇数羽状复叶;顶生疏散的短圆锥花序;蒴果顶端钝;花期5～8月。

生长习性:喜充足阳光,也耐半荫;适应性较强,耐寒、耐旱、耐瘠薄,病虫害较少;以排水良好、疏松的中性土壤为宜,忌酸性土;忌积涝、湿热,一般不需要多浇水;不喜欢大肥,施肥过多影响开花。

分布:长江流域各地,以及河北、山东、河南、福建、广东、广西、陕西,在台湾有栽培。

凌霄植株

凌霄叶

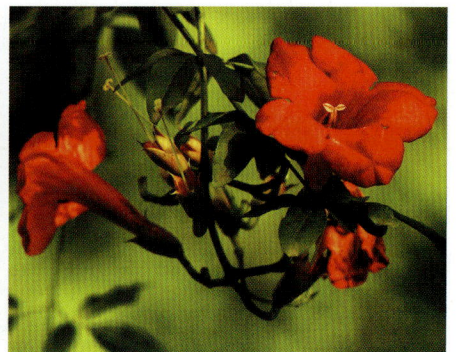
凌霄花

3.4.1.16 粉花凌霄[*Pandorea jasminoides*（Linn.）Schum.]

科属:紫葳科·粉花凌霄属

形态特征:奇数羽状复叶,小叶长椭圆形,革质,叶面有乳白或乳黄色斑纹;春末至秋季开花,花冠钟铃形,白至淡粉红色,喉部赤红色。

生长习性:喜温暖、湿润,不耐寒,耐轻霜;栽培土质以肥沃的砂质壤土为佳;排水、光照需良好。

分布:原产澳大利亚,中国广州、上海等城市有栽培。

常见品种:斑叶粉花凌霄（*Pandorea jasminoides* 'Ensel-Variegta'）

生长习性:斑叶粉花凌霄是粉花凌霄的栽培变种,株高约30～60cm,枝条伸长具半蔓性。奇数羽状复叶,小叶长椭

斑叶粉花凌霄植株

圆形,革质,叶面有乳白或乳黄色斑纹。春末至秋季开花,花冠钟铃形,白至淡粉红色,喉部赤红色。花叶俱美,蔓性不强。栽培土质以肥沃的砂质壤土为佳。排水、光照需良好。

斑叶粉花凌霄叶　　　　　　　斑叶粉花凌霄扦插小苗　　　　　　斑叶粉花凌霄花

3.4.1.17　爬山虎[*Parthenocissus tricuspidata*（Sieb. et Zucc.）Planch]

科属:葡萄科·爬山虎属

形态特征:落叶藤本,卷须多分枝,顶端成吸盘以吸附他物,叶三浅裂,基部叶常3深裂或全裂。

生长习性:性喜阴湿环境,但不怕强光,耐寒,耐旱,耐贫瘠;耐修剪,怕积水,对土壤要求不严,阴湿环境或向阳处均能茁壮生长,但在阴湿、肥沃的土壤中生长最佳。它对二氧化硫等有害气体有较强的抗性。

分布:河南、辽宁、河北、山西、陕西、山东、江苏、安徽、浙江、江西、湖南、湖北、广西、广东、四川、贵州、云南、福建都有分布。

爬山虎植株

爬山虎吸盘　　　　　　　　　　　爬山虎叶

3.4.1.18 五叶地锦[*Parthenocissus quinquefolia*（L.）Planch.]

科属：葡萄科·地锦属

形态特征：落叶藤本,有吸盘状卷须攀附于他物上;叶互生,掌状复叶具5小叶。聚伞花序,常生于短枝顶端两叶之间。浆果球形,蓝黑色,被白粉。花期6月,果期10月。

生长习性：喜光,能稍耐荫,耐寒,对土壤和气候适应性强,但在肥沃的沙质壤土上生长更好。

分布：原产美国。华北及东北有栽培。

五叶地锦植株

五叶地锦叶

3.4.1.19 黑鳗藤[*Stephanotis mucronata*（Blanco）Merr.]

科属：萝藦科·黑鳗藤属

形态特征：落叶藤状灌木。叶纸质,卵圆状长圆形。聚伞花序假伞形状,腋生或腋外生,通常着花2~4朵,稀多朵,花冠白色;蓇葖长披针形;花期5~6月,果期9~10月。

生长习性：阳性植物,喜高温。对土壤要求稍严格,以肥沃、排水良好的壤土或砂质壤土为佳,生育适温22~27℃,以冬季不低于15℃、夏季不高于32℃为佳。

分布：产于四川、贵州、广西、广东、湖南、福建、浙江和台湾等地;生长于海拔500m以下山地疏密林中,攀缘于大树上。

黑鳗藤果

黑鳗藤叶

黑鳗藤花

黑鳗藤扦插苗

3.4.1.20　华萝藦(*Metaplexis hemsleyana* Oliv.)

科属:萝藦科·萝藦属

形态特征:多年生草质藤本;叶膜质,卵状心形,顶端急尖,基部心形;总状式聚伞花序腋生,花白色,芳香;蓇葖果双生,种子长卵形;花期7~9月,果期9~12月。

生长习性:生长于山地林谷、路旁或山脚湿润地灌木丛中。

分布:湖北、贵州、陕西、四川、广西和江西等地。

华萝藦播种小苗

华萝藦缠绕方式

华萝藦容器苗

3.4.1.21　鸡矢藤[*Paederia scandens* (Lour.) Merr.]

科属:茜草科·鸡矢藤属

形态特征:蔓生草本,基部木质;叶对生,纸质或近革质,形状变化很大,卵形、卵状长圆形至披针形;圆锥花序式的聚伞花序腋生和顶生,花冠浅紫色;果球形,成熟时近黄色;花期5~7月。

生长习性:喜温暖湿润的环境;土壤以肥沃、深厚、湿润的砂质壤土较好。

分布:陕西、甘肃、山东、江苏、安徽、江西、浙江、福建、台湾、河南、湖南、广东、香港、海南、广西、四川、贵州、云南等地。

鸡矢藤叶

鸡矢藤缠绕方式

鸡矢藤花

3.4.1.22 木防己 [*Cocculus orbiculatus* （L.）DC.]

科属:防己科·木防己属

形态特征:木质缠绕藤本;幼枝密生柔毛;叶形状多变,卵形或卵状长圆形,全缘或微波状,基部圆或近截形,顶端渐尖、钝或微缺,有小短尖头,两面均有柔毛;聚伞状圆锥花序顶生,花淡黄色;核果近球形,蓝黑色,有白粉;花果期5～10月。

生长习性:生于灌丛、村边、林缘等处。

分布:中国大部分地区都有分布,长江流域中下游及其以南各省区常见。

木防己植株

木防己花

木防己果

木防己缠绕方式

木防己容器小苗

3.4.1.23 清风藤（ *Sabia japonica* Maxim.）

科属:清风藤科·清风藤属

形态特征:落叶攀缘木质藤本;叶近纸质,卵状椭圆形、卵形或阔卵形;花先叶开放,单生于叶腋,花瓣5片,淡黄绿色;花期2～3月,果期4～7月。

生长习性:喜阴凉湿润的气候;在雨量充沛、云雾多、土壤和空气湿度大的条件下,植株生长健壮;要求含腐殖质多而肥沃的砂质壤土栽培为宜。

分布:江苏、安徽、浙江、福建、江西、广东、广西等地。

清风藤植株

清风藤花　　　　　　　　　清风藤果　　　　　　　　　清风藤扦插苗

3.4.1.24　三叶木通[*Akebia trifoliate*（Thunb.）Koidz.]

科属:木通科·木通属

形态特征:落叶木质藤本;掌状复叶互生或在短枝上簇生,小叶 3 片,纸质或薄革质,卵形至阔卵形;总状花序自短枝上簇生叶中抽出,下部有 1～2 朵雌花,以上约有 15～30 朵雄花,长 6～16cm;花淡紫色;果长圆形,直或稍弯,成熟时灰白略带淡紫色;花期 4～5 月,果期 7～8 月。

生长习性:喜阴湿,耐寒,适宜在中性至微酸性土壤中生长。

分布:长江流域各省区,向北分布至河南、山西和陕西等地。

三叶木通植株

三叶木通花

三叶木通果

3.4.1.25 山蒟(*Piper hancei* Maxim.)

科属:胡椒科·胡椒属

形态特征:攀缘藤本,长至数10m,除花序轴和苞片柄外均无毛;茎、枝具细纵纹,节上生根;叶纸质或近革质,卵状披针形或椭圆形;花单性,雌雄异株,聚集成与叶对生的穗状花序;浆果球形,黄色;花期3~8月。

生长习性:性喜高温、潮湿、静风的环境,以选结构良好、易于排水、土层深厚、较为肥沃、微酸性或中性的沙壤土种植为佳。

分布:浙江、福建、江西南部、湖南南部、广东、广西、贵州南部及云南东南部等地。

山蒟植株

山蒟花

山蒟果

山蒟容器小苗

3.4.1.26 薯蓣(*Dioscorea opposite* Thunb.)

科属:薯蓣科·薯蓣属

形态特征:缠绕草质藤本;块茎长圆柱形;单叶,在茎下部的互生,中部以上的对生,很少3叶轮生;叶片变异大,卵状三角形至宽卵形或戟形;穗状花序,蒴果;花期6~9月,果期7~11月。

生长习性:性喜高温干燥,叶、蔓遇霜枯死,块茎能耐-15℃的低温;短日照能促进块茎和珠芽的形成;对土壤要求不严,但以土质肥沃疏松、保水力强、土层深厚的沙质壤土最好。

分布:河南、安徽、江苏、浙江、江西、福建、台湾、湖北、湖南、广东、贵州、云南北部、四川、甘肃东部、陕西南部等地。

薯蓣植株

| 薯蓣花 | 薯蓣珠芽 | 薯蓣缠绕方式 |

3.4.1.27　藤构(藤葡蟠)(*Broussonetia kaempferi* Sieb. var. *australis* Suzuki)

　　科属:桑科·构属

　　形态特征:落叶蔓生藤状灌木;叶互生,螺旋状排列,近对称的卵状椭圆形;花雌雄异株,雄花序短穗状,雌花集生为球形头状花序;聚花果红色;花期4~6月,果期5~7月。

　　生长习性:多生于海拔308~1000m,山谷灌丛中或沟边山坡路旁。

　　分布:浙江、湖北、湖南、安徽、江西、福建、广东、广西、云南、四川、贵州、台湾等地。

藤构植株

藤构雌花

藤构果

藤构雄花

藤构叶

3.4.1.28　毛葡萄(*Vitis heyneana Roem. et Schult.*)

　　科属:葡萄科·葡萄属

　　形态特征:落叶木质藤本,有卷须;叶卵圆形、长卵椭圆形或卵状五角形;圆锥花序疏散,与叶对生;花期4~6月,果期6~10月。

　　生长习性:生于灌丛中或山坡上。

　　分布:辽宁、河北、河南、山西、山东、江苏、浙江、江西、湖北恩施地区、福建、广东、广西、贵州等地。

毛葡萄植株

毛葡萄果

毛葡萄扦插苗

3.4.1.29　落葵薯(藤三七)[*Anredera cordifolia*(Tenore)Steenis.]

　　科属:落葵科·落葵薯属

　　形态特征:多年生缠绕藤本;叶具短柄,叶片卵形至近圆形,腋生小块茎(珠芽);总状花序具多花,花序轴纤细,下垂,花被片白色,花期6~10月。

　　生长习性:性喜湿润,耐旱,耐湿,对土壤的适应性较强,根系分布较浅;根系好气性较强,在茎蔓分枝处易发生气生根,以选择通气性良好的沙壤土栽培为宜。

　　分布:云南、四川及台湾等地。

落葵薯植株

落葵薯珠芽

落葵薯容器小苗

落葵薯花

落葵薯缠绕方式

3.4.1.30　三叶崖爬藤 [*Illigera trifoliate*（Griff.）Dunn]

科属：葡萄科·崖爬藤属

形态特征：多年生草质攀缘藤本；块根纺锤形、椭圆形至卵圆形；卷须与叶对生，有分枝。叶互生，掌状复叶，小叶 3 片，小叶片狭椭圆形至狭卵状椭圆形。聚伞花序腋生，花小，黄绿色；浆果球形，熟时红色；花期 5～8 月，果期 8～10 月。

生长习性：喜凉爽气候，耐旱，忌积水；对土壤要求不严，以含腐殖质丰富或石灰质的土壤种植为好；耐荫性强，抗病，少虫害，十分耐寒；可塑性强；阴湿的室外环境可铺地栽植，成活率、覆盖率很高，生长速度快。

三叶崖爬藤植株

分布：湖南、江苏、浙江、江西、福建、台湾、广东、广西、湖北、四川、贵州、云南、西藏等地。

三叶崖爬藤容器小苗

三叶崖爬藤扦插苗

三叶崖爬藤块根

三叶崖爬藤叶

3.4.1.31 忍冬(*Lonicera japonica* Thunb)

科属:忍冬科·忍冬属

形态特征:半常绿藤本;幼枝洁红褐色,密被黄褐色、开展的硬直糙毛、腺毛和短柔毛,下部常无毛;叶纸质,卵形至矩圆状卵形;花冠白色,有时基部向阳面呈微红,后变黄色,长2~6cm,唇形,筒稍长于唇瓣,上唇裂片顶端钝形,下唇带状而反曲;雄蕊和花柱均高出花冠。

生长习性:适应性很强,对土壤和气候的选择并不严格,以土层较厚的沙质壤土为最佳。

分布:除黑龙江、内蒙古、宁夏、青海、新疆、海南和西藏无自然生长外,全国各省均有分布。

品种:京久红忍冬(*Lonicera heckrottii* ′Gold Flame′ **)** ······································

栽培位置参考:全日照地区或者半日照局部遮阴区。向阳特性。

土壤要求:肥沃且富含腐殖质,湿润同时排水良好。实际表现有适度的耐贫瘠性。

生长速度:平均生长速度快。

开花周期:6~9月,实际栽培上花期可以持续更久一些。

耐寒性:非常耐寒。

香味:明显,有的描述为强烈,有的也描述比较淡。

京久红忍冬

品种:美国丽人(*Lonicera heckrottii* ′American Beauty′ **)** ·····························

栽培位置参考:全日照地区或者半日照局部遮阴区。向阳特性。

土壤要求:肥沃且富含腐殖质,湿润同时排水良好。实际表现有适度的耐贫瘠性。

生长速度:平均生长速度快。

开花周期:6~9月,实际栽培上花期可以持续更久一些。

耐寒性:非常耐寒。

香味:明显,有的描述为强烈,有的也描述比较淡。

美国丽人

品种:荷兰忍冬(*Lonicera periclymenum* 'Serotina') ·······················

栽培位置参考:全日照地区或者半日照局部遮阴区。向阳特性。

土壤要求:土壤肥沃,湿润同时排水良好。实际表现有适度的耐贫瘠性。

生长速度:平均生长速度快。

开花周期:6~8月。

耐寒性:非常耐寒。

香味:浓香。

荷兰忍冬

品种:比利时精选(*Lonicera periclymenum* 'Belgica Select') ·······

栽培位置参考:全日照地区或者半日照局部遮阴区。向阳特性。

土壤要求:肥沃且富含腐殖质,湿润同时排水良好。实际表现有适度的耐贫瘠性。

生长速度:平均生长速度快。

开花周期:5~9月。

耐寒性:非常耐寒。

比利时精选

品种:布朗忍冬(*Lonicera brownii* 'Dropmore Scarlet') ········

栽培位置参考:全日照地区或者半日照局部遮阴区。向阳特性。

土壤要求:肥沃且富含腐殖质,湿润同时排水良好。实际表现有适度的耐贫瘠性。

生长速度:平均生长速度快。

开花周期:5~9月。

耐寒性:非常耐寒。

布朗忍冬

品种:红色世界(*Lonicera japonica* 'Red World') ··················

栽培位置参考:全日照地区或者半日照局部遮阴区。向阳特性。

土壤要求:肥沃且富含腐殖质,湿润同时排水良好。实际表现有适度的耐贫瘠性。

生长速度:平均生长速度快。

开花周期:5~9月。

耐寒性:非常耐寒。

香味:浓香。

红色世界

3.4.2 非藤本类植物种质资源

3.4.2.1 适宜华南地区桥体绿化的植物

簕杜鹃、水鬼蕉、合果芋、鹅掌柴、珠帘、粉花羊蹄甲、三色堇、蔓马缨丹、云南黄素馨、软枝黄蝉、硬枝老鸦嘴、滴水观音、鸟巢蕨、肾蕨等。

3.4.2.2 适宜华北地区桥体绿化的植物

侧柏、白蜡、大叶女贞、鸡爪槭、木槿、小叶女贞、黄杨、金银木、贴梗海棠、珍珠梅、扶芳藤、麦冬、紫叶小檗、平枝栒子、南天竹、海桐、石楠、蔷薇、锦带花、连翘、迎春等。

3.4.2.3 适宜西南、华东地区桥体绿化的植物

吊兰、红花檵木、银叶菊、金森女贞、豆瓣绿、罗汉松、杜鹃、金边大叶黄杨、矾根、金叶络石、栀子花、常春藤、南天竹、红花石楠、黄金菊、花叶蔓、金边阔叶麦冬、黄杨、美人蕉、矮牵牛、万寿菊、石楠、八角金盘、海桐、小叶女贞、珊瑚树、云南黄素馨等。

4 桥体绿化案例分析

　　桥体绿化技术的研究和应用随着城市大型桥梁的发展经长期积累已形成了适应国内需要的立体绿化技术。本章结合实际案例主要包括设计方案、建设实例两方面，重点讲述桥体绿化当前主要的种植方式和针对桥柱、桥体栏杆设计的不同形式，通过不同植物选择、配套相关设备对现今桥体绿化技术作分析总结，其核心部分是植物。植物的选择和配置成为桥体绿化工程中重要的环节，植物的多样性和多变性及其后期养护是影响桥体绿化景观效果的关键。

4.1 设计方案

4.1.1 设计原则

（1）桥体绿化必须服从其交通功能,使司机在行车时有足够的安全车距和安全视距。必须服从整个道路的总体规划要求,充分考虑降噪、防尘、减低风速、净化空气等功能,应和整个道路的绿化风格相协调。

（2）在桥体的绿化设计中,应根据不同的地区筛选适合当地的乡土植物。桥体绿化应选择从单层覆盖到复层种植,形成乔、灌、草结合的多结构、多功能立体种植群落。

（3）应充分考虑经济成本,尽量降低造价和后期绿化管理费用。宜考虑易于施工、便于养护、适应性强、管理粗放和价格低廉的植物种类以达到减少投入的目的。

（4）桥体绿化整体系统必须符合桥体建筑结构荷载要求。结构系统依附于建（构）筑物结构并且必须做到防水阻根,安装时必须解决高空坠落的隐患,达到坚固抗风的要求。

（5）桥体绿化浇灌系统的安装和实施应满足冬季抗寒的要求。整体系统排水的设计与实施需要与建筑表面排水系统相结合,以免影响环境美观和清洁卫生。

（6）整体系统安装和养护必须便利而且经济。

4.1.2 桥体绿化相关设计

4.1.2.1 桥体墙面种植设计方式

（1）框架牵引式

方式:采用金属框架和金属拉索对植物进行牵引。

优点:成本低;施工快;植物成活率高。

缺点:植物绿化覆盖周期较长。

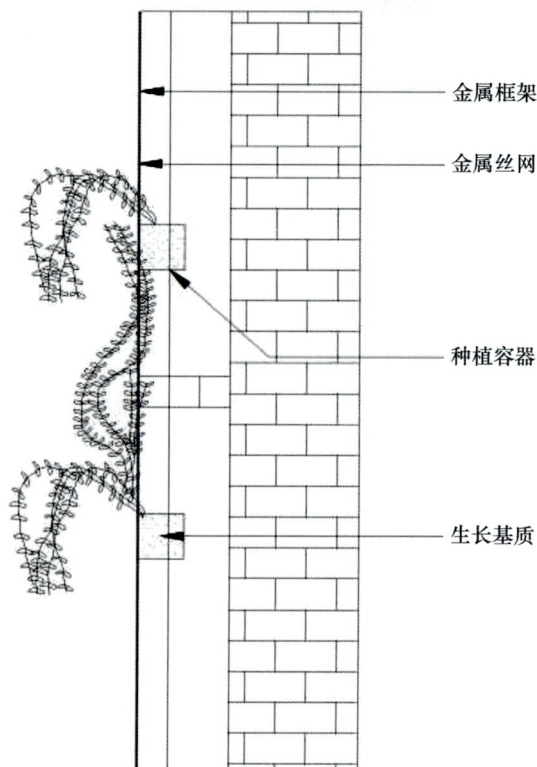

金属框架

金属丝网

种植容器

生长基质

框架牵引式

（2）模块式

方式：采用模块式基盘培养植物，基盘固定在金属构架上。

优点：植物覆盖率、成活率高；施工快、效果好。

缺点：前期培养时间长，成本较高。

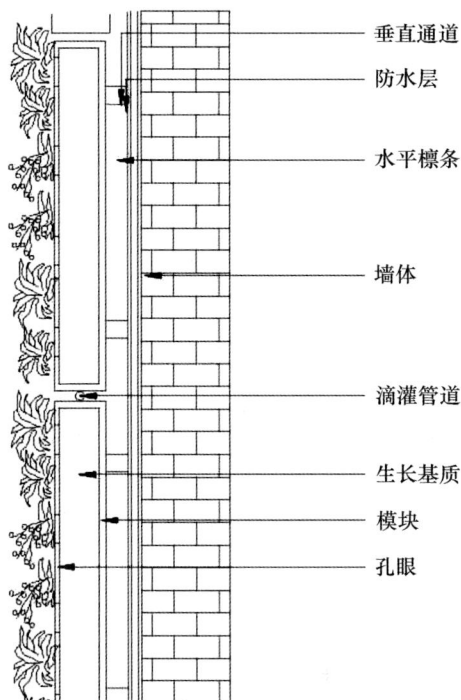

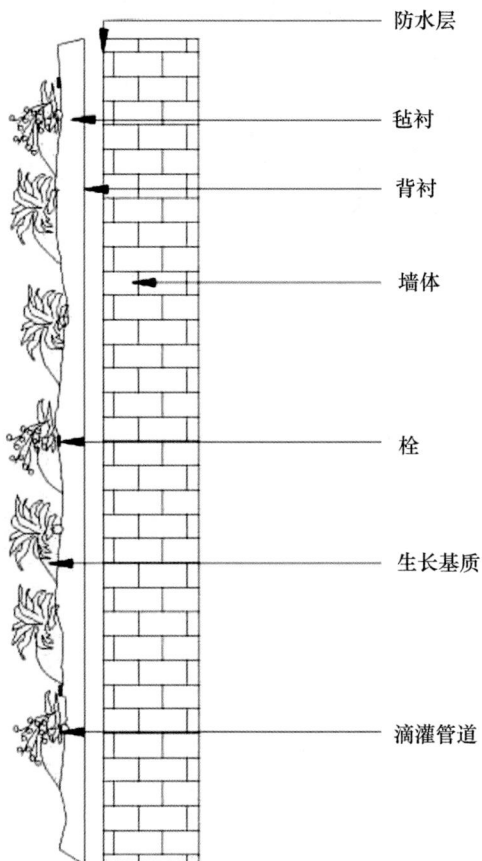

标注
垂直通道
防水层
水平檩条
墙体
滴灌管道
生长基质
模块
孔眼

模块式

（3）布袋式

方式：在做好防水处理的墙面上直接铺设软性植物生长载体。

优点：植物覆盖率、成活率高；施工快、成本低。

缺点：前期培养时间长，成本较高。

标注
防水层
毡衬
背衬
墙体
栓
生长基质
滴灌管道

布袋式

（4）攀爬或垂吊式

方式：利用藤蔓植物的吸附、缠绕等特性使其在墙面上攀附。

优点：成本低；施工快；植物成活率高。

缺点：植物绿化覆盖周期较长。

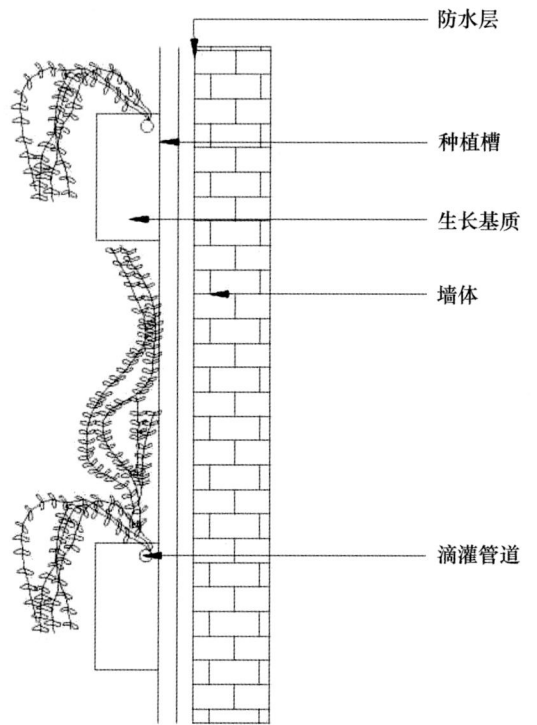

防水层

种植槽

生长基质

墙体

滴灌管道

攀爬或垂吊式

（5）摆花式

方式：在不锈钢、钢筋混凝土或其他材料等做成的垂面架中安装盆花实现垂面绿化。

优点：成型快，植物成活率高。

缺点：成本较高。

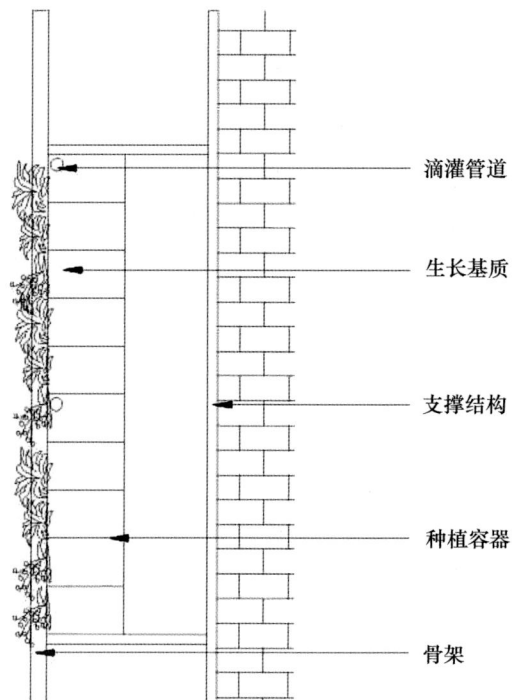

滴灌管道

生长基质

支撑结构

种植容器

骨架

摆花式

（6）板槽式

方式：在墙面上按一定的距离安装 V 型板槽，在板槽内填装轻质的种植基质，再在基质上种植各种植物。

优点：成型快。

缺点：成本较高；维护要求高。

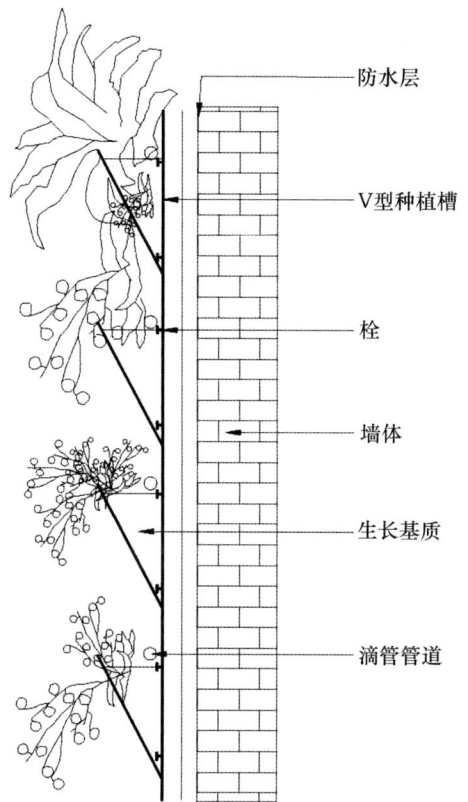

防水层

V 型种植槽

栓

墙体

生长基质

滴管管道

板槽式

（7）水培式

方式：植物以吸水编织材料如毛毡、无纺布、椰丝纤维等为载体，直接附加在立面上，通过灌溉系统浇灌。

优点：重量轻；造价低；好维护；厚度薄；适应各种模块式立体绿化曲面造型。

缺点：水分灌溉不均匀；可实施的植物品种较少，耐寒性能稍差。

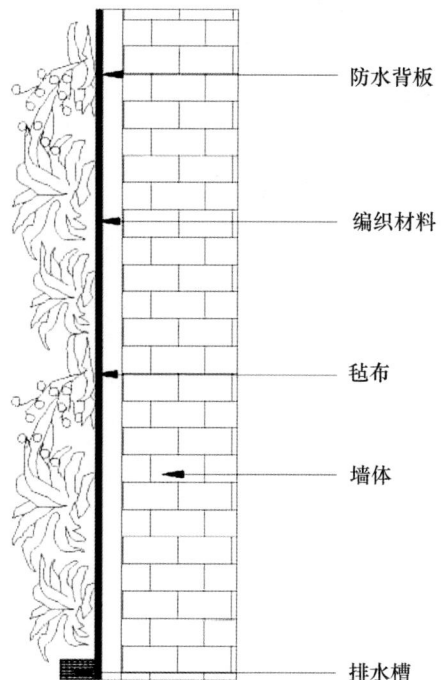

防水背板

编织材料

毡布

墙体

排水槽

水培式

（8）容器拼接式

方式：在墙面上按一定的距离安装容器，在容器内填装轻质的种植基质，再在基质上种植各种植物。

优点：成型快。

缺点：成本较高；维护要求高。

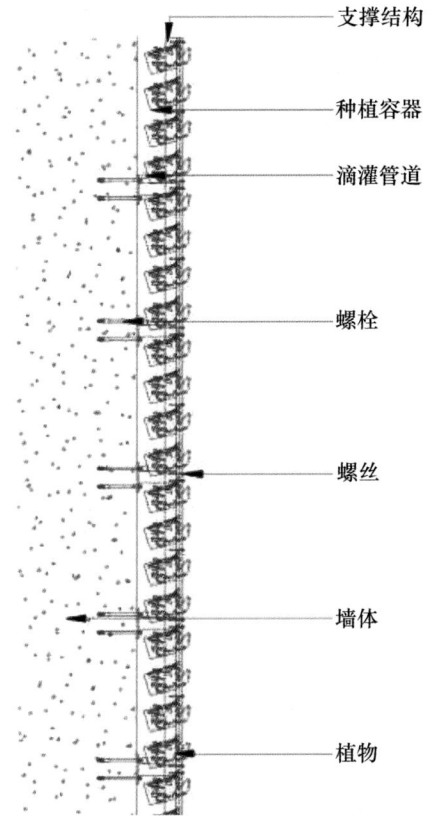

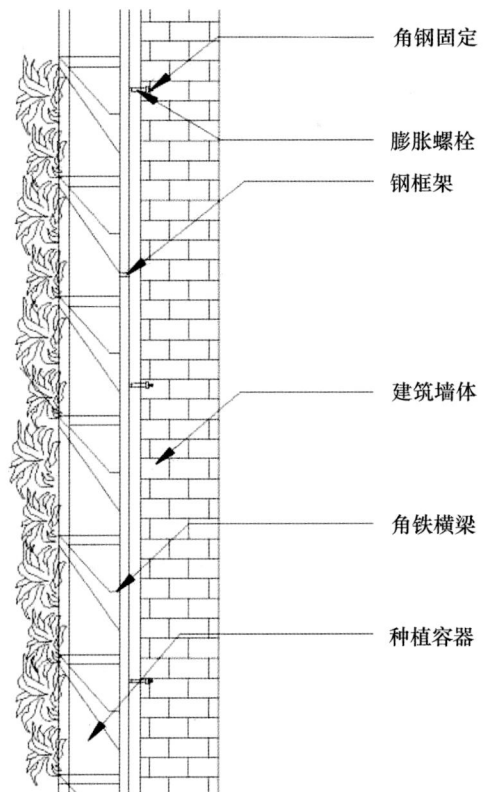

支撑结构

种植容器

滴灌管道

螺栓

螺丝

墙体

植物

容器拼接式

（9）花槽倾斜放置式

方式：在墙面上把硬质花槽固定在金属构架上，在容器填装轻质的种植基质种植各种植物，植物生长方向是斜向上。

优点：成型快。

缺点：成本较高；维护要求高。

角钢固定

膨胀螺栓

钢框架

建筑墙体

角铁横梁

种植容器

花槽倾斜放置式

（10）容器叠加式

方式:在墙面安装叠加容器,在容器内填装轻质的种植基质,再在基质上种植各种植物。

优点:成型快。

缺点:成本较高;维护要求高。

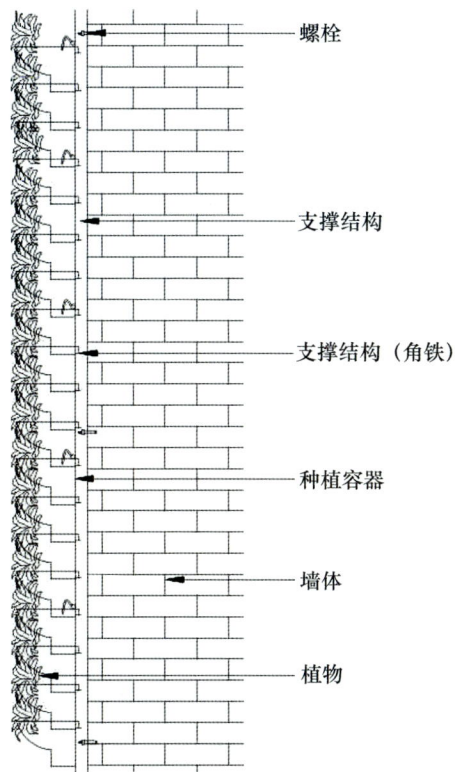

容器叠加式

4.1.2.2　桥体绿化设计案例

（1）宁波市北外环高架桥柱绿化设计案例

设计采取拉索式、网式、布袋式和容器式四种模式,其中配套设施拉索式主要采用钢丝绳拉索及配件,网式采用铁丝网及铁丝固定辅料,布袋式采用布袋及耐穿刺涂料,容器式采用植物容器及钢构架。

在植物配置中考虑设计要满足交通安全和生态防护等要求;以乡土植物为主,适当引入部分外来优良植物以增加植物群落的多样性;在考虑气候、土壤等立地条件的基础上,严格按照因地制宜的原则,选择耐旱、耐瘠薄、抗寒、抗污染、观赏性强的植物类型;管理粗放,不需大量修剪整形,生命周期长、易繁殖;具有一定园林观赏价值,能体现层次、突出季相。

拉索式:选用缠绕性强的或有吸盘的爬藤植物攀附钢丝绳拉索向上攀爬。

拉索式桥体植物配置方案

方案	植物选择	花期	四季变化
一	爬山虎＋花叶常春藤＋香花崖豆藤＋牵牛花	5～9月	常绿＋色叶＋观花
二	凌霄＋黄金锦络石＋扶芳藤＋乌蔹莓	5～9月	常绿＋色叶＋观花
三	常春油麻藤＋京久红忍冬＋南蛇藤＋羽叶茑萝	5～9月	常绿＋色叶＋观花

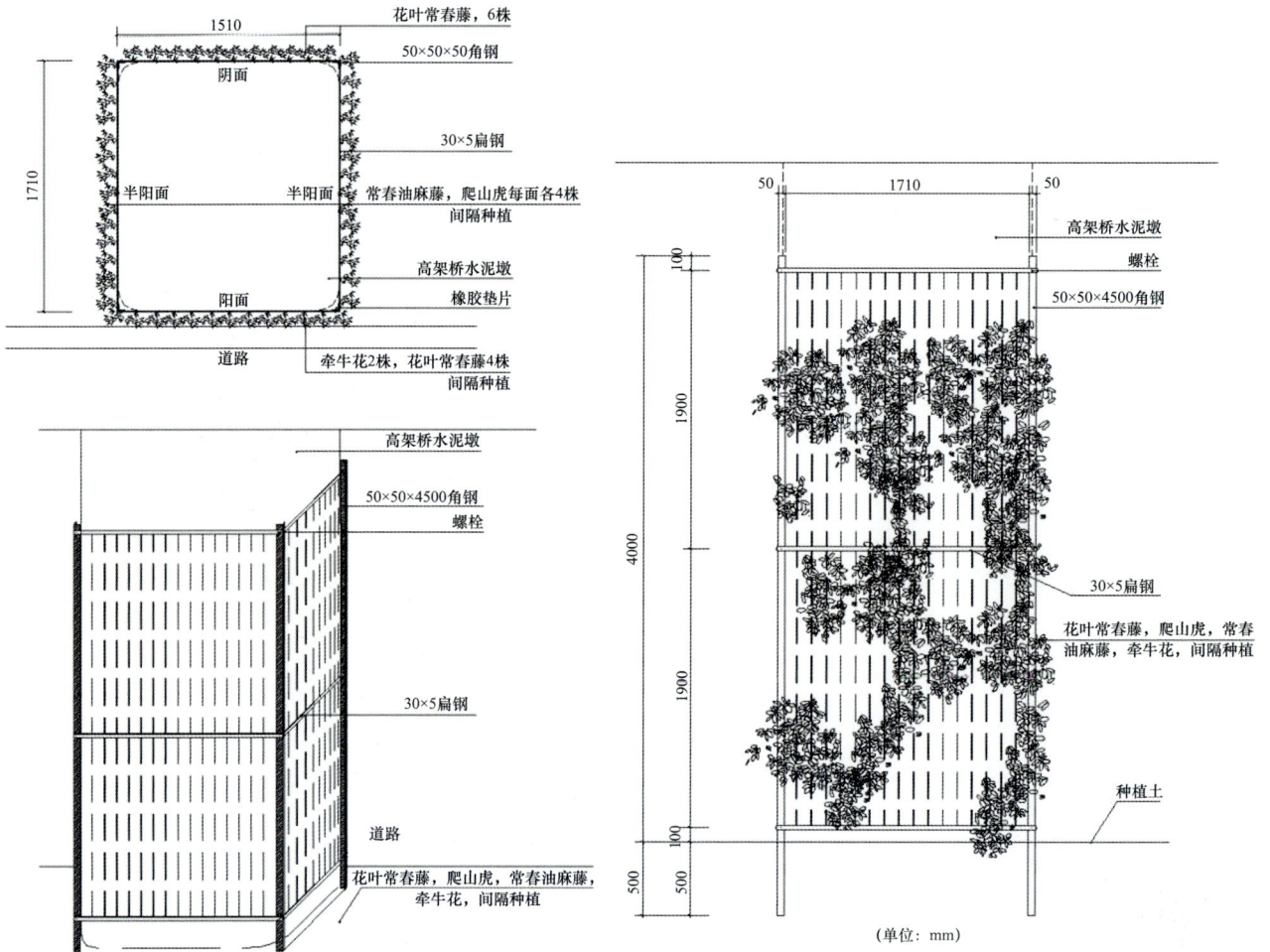

拉索式桥体绿化设计方案

（单位：mm）

网式:选用缠绕性强的或有吸盘的爬藤植物攀附钢丝网向上攀爬。

网式桥体植物配置方案

方案	植物选择	花期	四季变化
一	爬山虎＋千叶兰＋络石	5~9月	常绿＋色叶＋观花
二	藤本月季＋常春藤＋木通＋羊乳	5~9月	常绿＋色叶＋观花
三	美国凌霄＋西番莲＋南蛇藤＋葛藤	5~9月	常绿＋色叶＋观花
四	薜荔＋海金沙＋南赤飑＋金银花	5~9月	常绿＋色叶＋观花

络石，6株
50×50×5角钢
阴面
1510
1710
半阳面
半阳面
30×5扁钢
川鄂爬山虎，络石每面各4株
间隔种植
高架桥水泥墩
阳面
橡胶垫片
道路
千叶兰2株，络石4株
间隔种植

高架桥水泥墩
50×50×4500角钢
螺栓
铁丝钢喷塑
墨绿色
30×5扁钢
道路
千叶兰，川鄂爬山虎，络石
间隔种植

50 1710 50
高架桥水泥墩
50×50×4500角钢
螺栓
500
1500
铁丝网喷塑
墨绿色
4000
30×5扁钢
1500
千叶兰，川鄂爬山虎，络石
间隔种植
500
种植土
500

（单位：mm）

网式桥体绿化设计方案

容器式:选用当地常见小灌木栽植容器中。

容器式桥体植物配置方案

方案	植物选择	花期	四季变化
一	金边大叶黄杨＋银边六月雪＋兰花三七＋时令花卉	四季	常绿＋色叶＋观花
二	紫鹃＋大花六道木＋金边阔叶麦冬＋时令花卉	四季	常绿＋色叶＋观花
三	金森女贞＋红花檵木＋金边阔叶麦冬＋时令花卉	四季	常绿＋色叶＋观花
四	茶梅＋瓜子黄杨＋书带草＋时令花卉	四季	常绿＋色叶＋观花

茶梅，瓜子黄杨，书带草，时令花卉间隔种植

金森女贞，红花檵木，金边阔叶麦冬，时令花卉，间隔种植

金边大叶黄杨，银边六月雪，兰花三七，时令花卉，间隔种植

高架桥水泥墩

紫鹃，大花六道木，金边阔叶麦冬，时令花卉，间隔种植

道路

高架桥水泥墩

种植土

（单位：mm）

金森女贞，红花檵木，金边阔叶麦冬，时令花卉，间隔种植

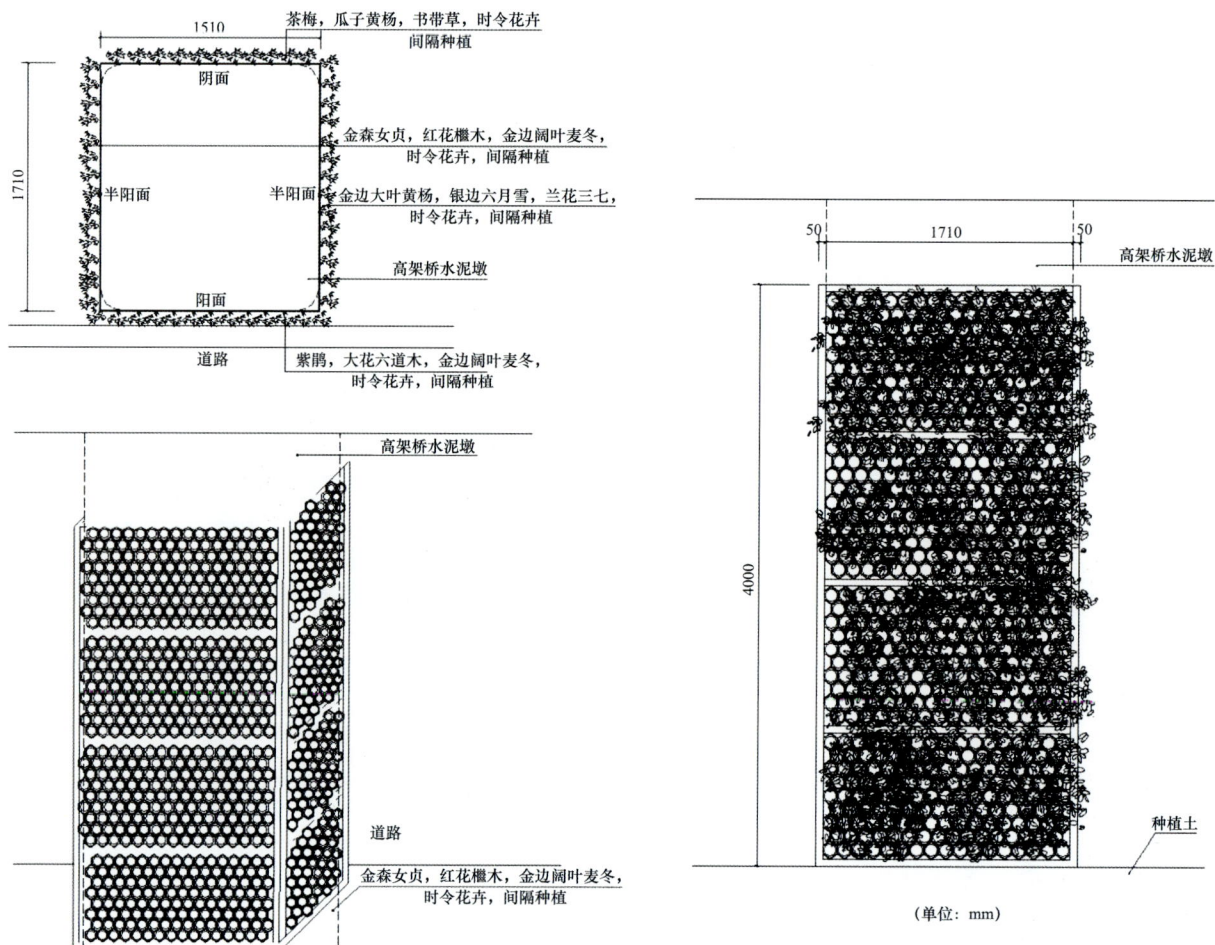

容器式桥体绿化设计方案

布袋式：选用当地常见小灌木栽植布袋中。

布袋式桥体植物配置方案

方案	植物选择	花期	四季变化
一	银姬水腊＋时令花卉	四季	常绿＋色叶＋观花
二	红叶小檗＋时令花卉	四季	常绿＋色叶＋观花
三	金叶钝齿冬青＋时令花卉	四季	常绿＋色叶＋观花
四	金叶女贞＋时令花卉	四季	常绿＋色叶＋观花

金叶钝齿冬青，时令花卉横向每隔两袋一换

50×50×5角钢

三合板21×1220×1710
金森女贞，时令花卉横向每隔
两袋一换，间隔种植
银姬水腊，时令花卉横向每隔
两袋一换，间隔种植

高架桥水泥墩

土工布袋300×220，气钉枪固定

红叶小檗，时令花卉横向每隔两袋一换
间隔种植

高架桥水泥墩

雪弗板
15×1220×1710

金叶女贞，银姬水腊，红叶石楠，
时令花卉，间隔种植

15×1220×500
种植土

高架桥水泥墩

多角板
15×1200×1710

金森女贞，银姬水腊，红叶石楠，
时令花卉，间隔种植

（单位：mm）

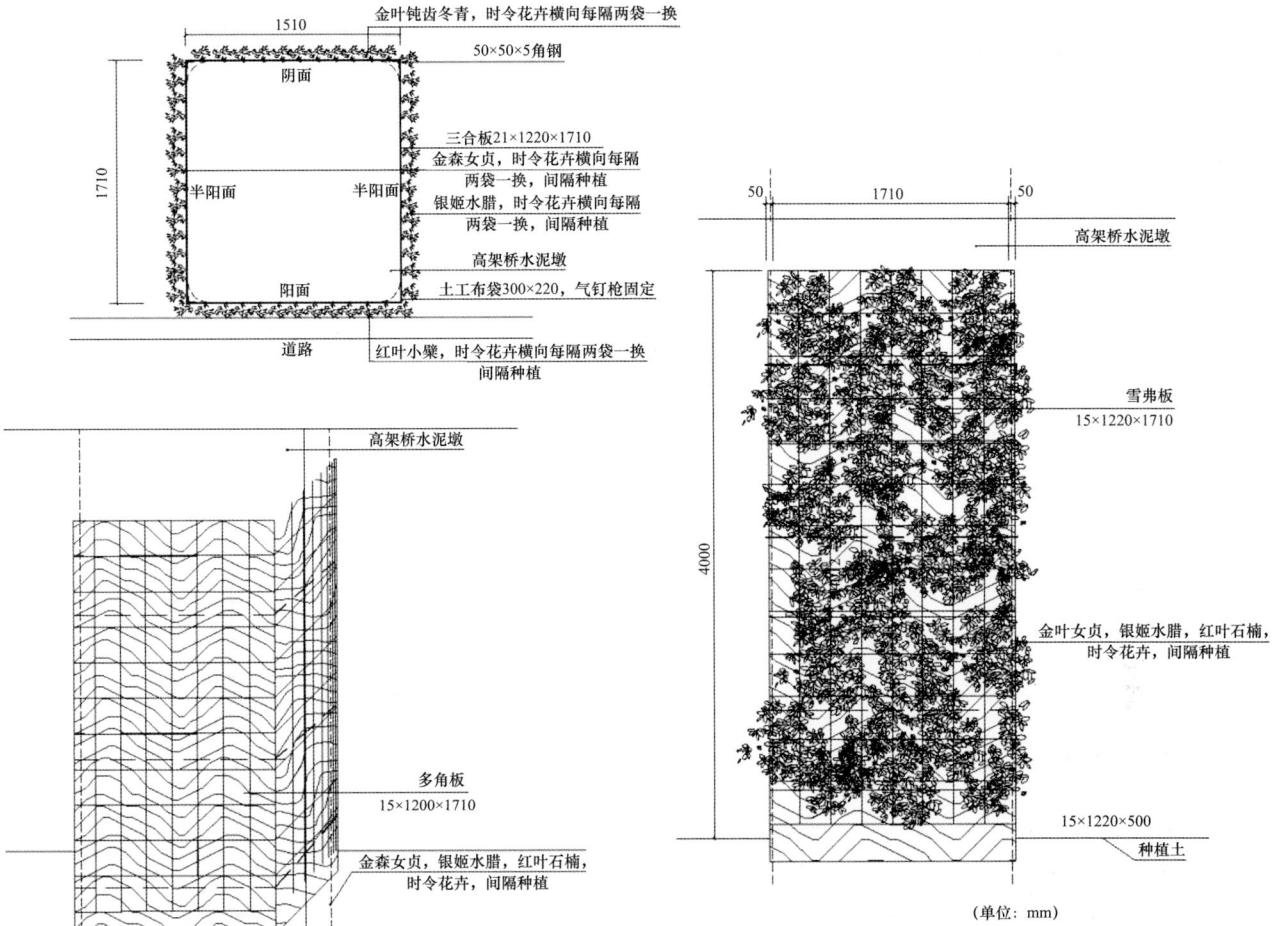

布袋式桥体绿化设计方案

（2）宁波高桥地铁高架立体绿化设计案例

绿化植物配置应确定立体绿化形式、种植密度及相互间的植物搭配，发挥立体绿化的作用、功能，并与其总体艺术布局相协调。考虑植物的形态特征以及植物的季节特征、生态习性和植物造景在色、香、味、韵上的综合应用。

鉴于爬山虎、藤本月季较喜光，因此在桥墩的前后两侧与外侧可选种这2个植物，或单一种植，或2～3种配合种植，而在桥墩的内侧，则选种耐荫或喜荫的常春藤、常春油麻藤。

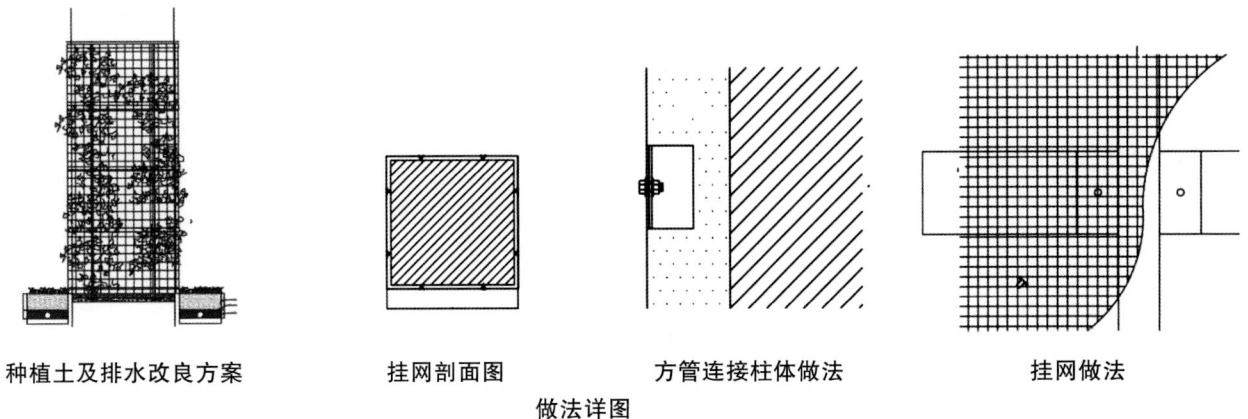

| 种植土及排水改良方案 | 挂网剖面图 | 方管连接柱体做法 | 挂网做法 |

做法详图

在种植爬山虎、常春藤的外侧,可再种植花叶常春藤或各色花叶络石,以形成桥墩下部的立体式、色彩斑斓的景观效果。其中有2个立柱采用五叶地锦此类葡萄科落叶藤本攀缘植物进行种植,其叶片夏季绿色,秋季变红,对于桥体绿化的观赏美观效果起到了一定的作用,而且此类植物较耐寒、耐热,对于高架桥下周边的各种限制环境也较适应。选苗完成后,进行苗木种植。苗木需选用大盆栽苗,苗木种植时将小苗顶部依附于铁丝网之上,使其攀缘铁丝网生长。植物栽植在地面,沿着墙面、铁丝网从下向上生长,形成下种上爬的生长格局。

(3)宁波某立交桥绿植墙设计案例

本绿植墙采用不锈钢和螺栓连接固定。

具体的方案为:

拟在苗圃预先装配好绿植墙拼装块,并根据植物配置图栽种好植物并管养稳定后,再运到现场吊装。现场吊装前,在墙体上预先安装支撑及固定用的钢构件。现场安装在晚上进行,并做好封道警示措施,保证施工安全。

绿植墙拼装块应包括以下内容:

①支撑系统

绿植墙拼装块主体结构采用镀锌钢管支架,考虑到拼装块长度较长,并要吊装,因此钢架结构必须牢固可靠。在钢架结构上安装聚氯乙烯防水承载板作为立体种植花盆的支撑,接缝处用密封胶封闭。

②蜂窝型种植模块

在聚氯乙烯防水承载板上挂装蜂窝型立体种植模块,并在其间填充轻型植物生长基质,以利于植物的后续生长。

③给水滴灌系统

在绿植墙拼装块内预先埋设好滴灌给水管,到现场安装时各拼装块的水管连接为一体,再与水源主管连接。

绿植墙做法立面图

④植物栽种

植物应选择易养护的多年生、浅根系,耐瘠薄、耐旱性、耐热性、抗紫外线能力、对空气和水污染的抵抗力、抵抗病虫害的能力强的种类。待绿植墙拼装块主体结构安装完成后,根据植物配置图在各拼装块上栽植好植物,并做好标记;栽植完成后,在苗圃进行水肥管理,保证植物正常生长,待系统稳定后再拉到现场吊装。

⑤灌溉控制系统

应将水源接到人行天桥安装绿植墙部位,通过自动控制系统对绿植墙进行定时定量灌溉,免去日常人工维护。

⑥绿植墙排水

在绿植墙拼装块的底部设一道不锈钢排水槽,安装时各拼装块的排水槽连接通畅,将灌溉余水通过下水管引至地面雨水井内。

⑦绿植墙的安装

将做好的50mm×30mm×5mm厚镀锌方管框架,通过膨胀螺栓与墙体固定,再将蜂窝型立体种植模块固定在框架上,植物及滴灌系统要在蜂窝型立体种植模块安装之前安装好。

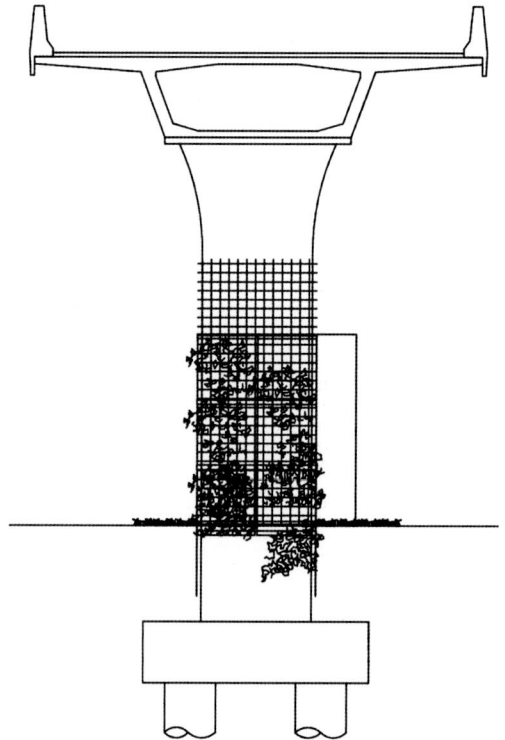

⑧其他

为加强绿植墙结构强度,在每块绿植墙背面增加4根50mm×50mm×5mm厚镀锌方管斜撑,长度各为3m。

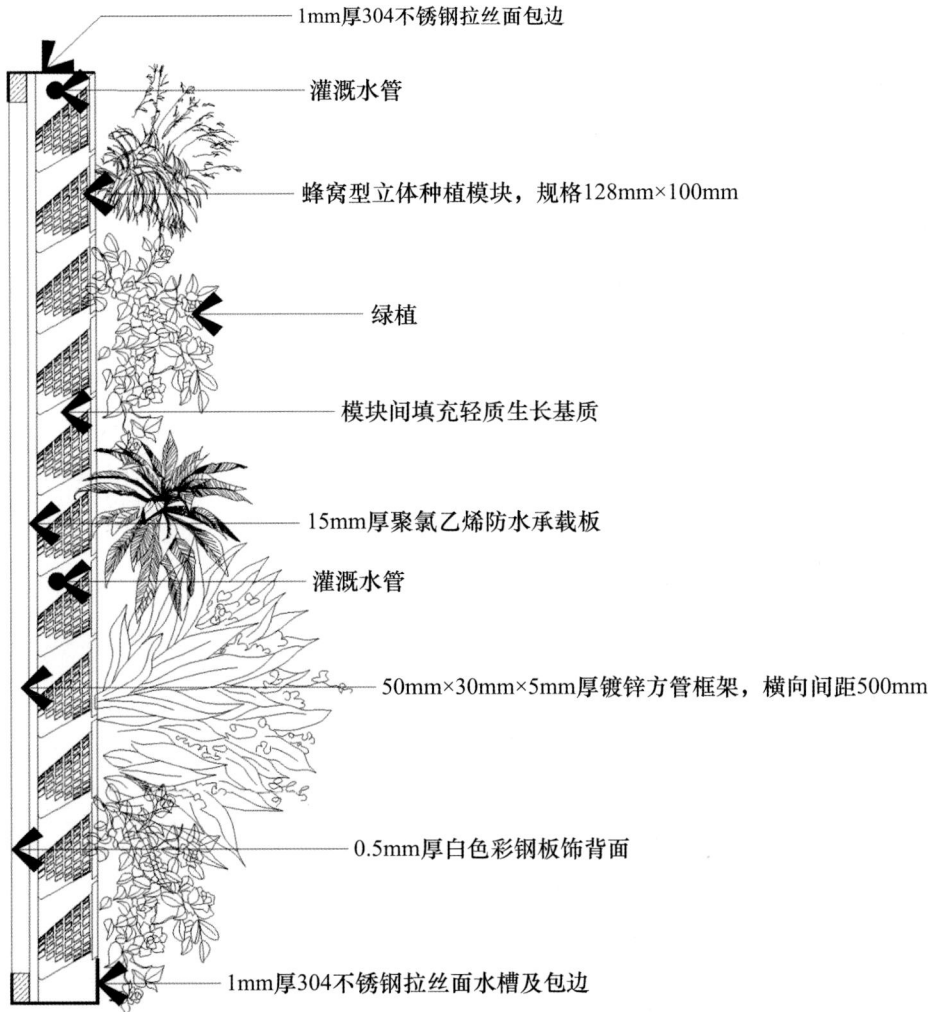

- 1mm厚304不锈钢拉丝面包边
- 灌溉水管
- 蜂窝型立体种植模块,规格128mm×100mm
- 绿植
- 模块间填充轻质生长基质
- 15mm厚聚氯乙烯防水承载板
- 灌溉水管
- 50mm×30mm×5mm厚镀锌方管框架,横向间距500mm
- 0.5mm厚白色彩钢板饰背面
- 1mm厚304不锈钢拉丝面水槽及包边

绿植墙做法剖面图

(4)长沙芙蓉中路桥帮花箱设计案例

长沙市芙蓉中路通过绿化配置与设计对道路环境进行再创造,将绿色引入道路空间,以"运用多种乡土植物,适量配置硬质景观小品,创造不同商业城市景观"为宗旨,改变传统道路绿地单一的"线"的处理,变"线"为"面",形成"花叶相映、林木相间、层次丰富、尺度适宜、景观有序"的城市廊道景观。在道路两侧桥帮护栏上设置活动花箱种植植物。花箱的形式与尺寸应与桥梁结构形式和造型相协调,并尽量做到减少桥梁的压力,保持两侧平衡。

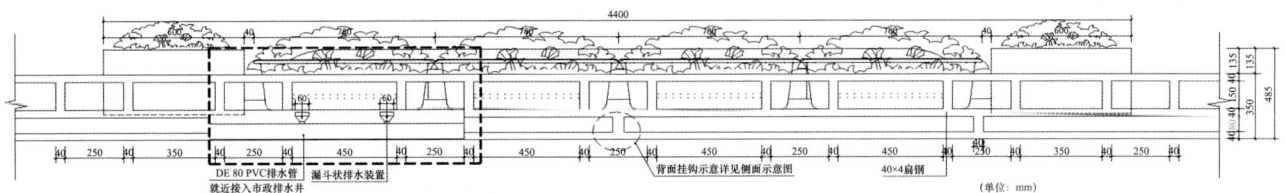

桥帮花箱做法正立面图

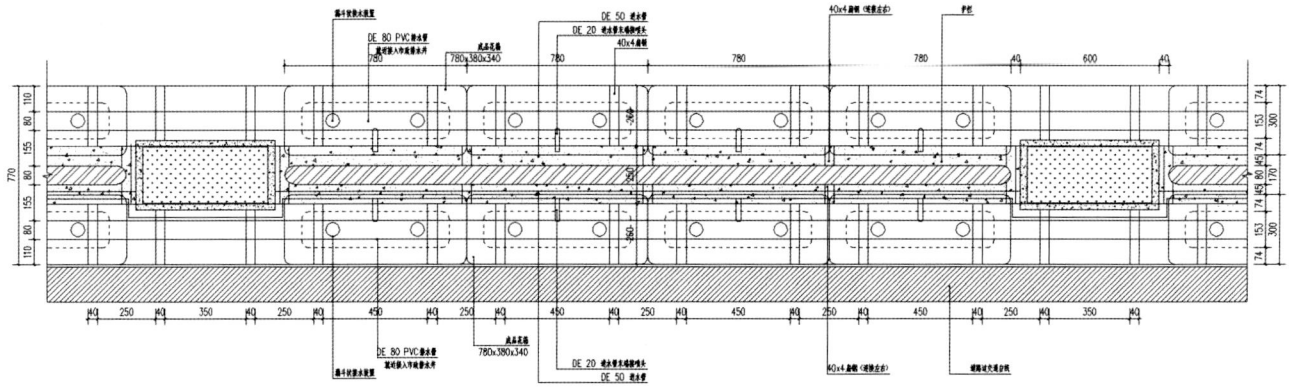

桥帮花箱做法平面图

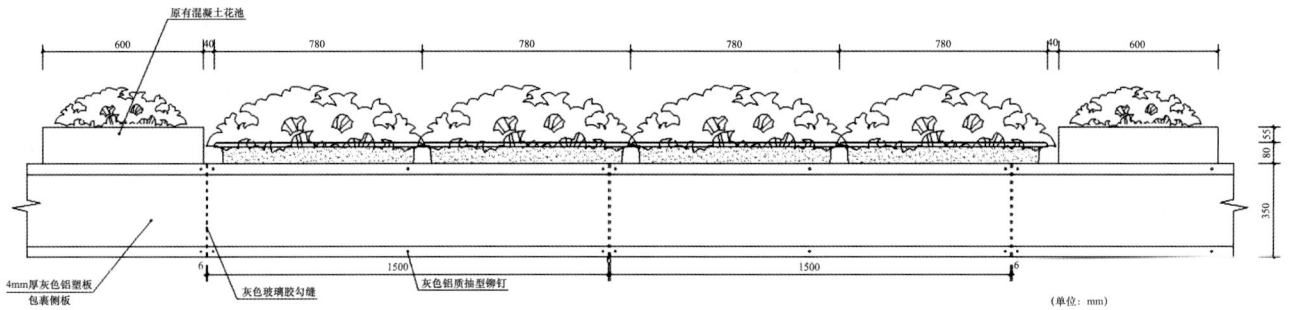

（单位：mm）

花箱正立面图

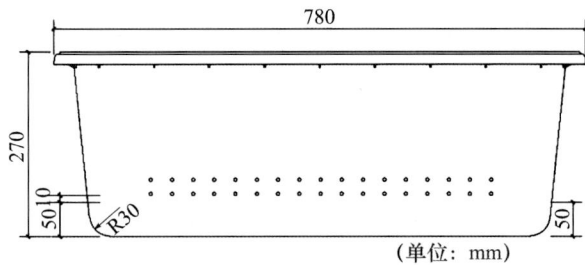

（单位：mm）

花箱正面图

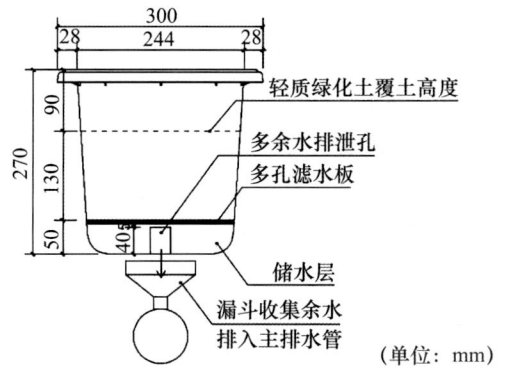

轻质绿化土覆土高度
多余水排泄孔
多孔滤水板
储水层
漏斗收集余水
排入主排水管

（单位：mm）

花箱侧面图

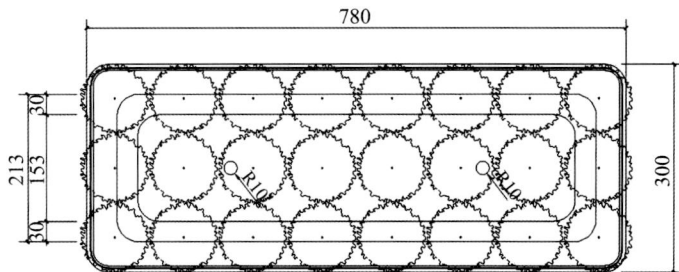

（单位：mm）

花箱平面图

　　容器（种植槽或盆）栽植时，高度为 40～60cm，宽度为 20～30cm。容器底部应有排水孔。自动滴灌系统的给水用市政用水以及经过处理的雨水。根据植物习性、生长环境、气候的季节变化等因素，合理划分滴灌范围，控制滴灌时间的长短，保证植物的水分需求。

4.2　建设实例

4.2.1　桥柱绿化实例

4.2.1.1　宁波中山东路高架桥柱绿化实例

位于地铁芦港站两侧,人流车辆密集,地铁高架桥下桥墩立柱共计35个,占地面积约250m²。立柱位置常年光照和雨水不足,并且雨季时个别桥墩及高架桥体沿口存在雨水冲刷严重的现象。桥墩周围土壤也因此原因,存在水土流失、有机质含量偏低,土壤板结、营养贫瘠等问题。

（1）个别桥墩雨水管安装

由于部分桥墩雨水管口损坏、掉落,渗水现象较严重,为防止雨水天气水流过激、四溅,需沿原雨水管口,重新安装落水管。

（2）桥墩支架和限高网安装

部分桥墩立柱安装铁丝网,由于地铁立柱不适宜用膨胀螺丝固定围绕,角铁需在地面预埋处理,加以固定,保证每个立柱下方的攀缘植物都能攀附成长,又避免桥柱被攀缘植物破坏。在桥梁植物种植初期,苗木生长高度尚在

桥墩支架和限高网安装

可控范围内。但经过多年养护管理后,部分植物生长强势,以五叶爬山虎为例,养护得当,一年攀爬高度可达3m以上。为避免对地铁高架造成影响,可在桥柱上设置统一高度的限高网,一般以桥柱高度的2/3处为宜,既较大限度满足了景观美化的效果,也避免了安全隐患。

（3）铺设滤水层

为确保苗木种植良好的透水性和通气性,在桥墩周围,人工开挖宽1.5m、深60cm的土沟,沟槽底部整平,放置DN150硬质透水盲管,并回填20cm厚碎石包管,覆盖200g/㎡防渗土工布,最后回填拌和过的种植土,以确保立柱下方种植土不易积水、板结。

铺设滤水层

（4）土方改良

由于高架桥墩下存在粉尘污染以及人为原因而造成的土壤盐碱化,以及雨水冲刷导致水土流失等土方营养不良等现象,故需要对原有种植土进行必要的土方改良。一般以50%种植土＋35%草炭＋10%珍珠岩＋5%有机肥这种配比为佳,保证土壤肥力,使土壤能够满足植物生长所需的水分和养分,促使苗木的生长更加繁茂。

土方改良

（5）保水剂的使用

宁波地区虽然全年降水总量充沛,但在夏季存在季节性的干旱缺水,高架下水源问题尤其突出,针对该情况,施工时可采用保水剂改善。保水剂作为一种亲水性的高分子聚合物,不溶于水,能吸收自身重量几百倍的水分,并具有良好的储水功能。除此之外,保水剂还能改善土壤通风,减少板结,保肥护土。众多保水剂中,合成树脂材料的保水剂因使用寿命长、适合拌土使用,在绿化行业中广为应用,在实际操作中效果良好。本项目中,可按一般植块、灌木丛的标准使用,即以50g/㎡保水剂用量与种植土均匀拌合,种植后浇足水待保水剂吸足水分即可。

（6）选苗及种植

为配合地铁相关部门的要求,立柱下方不得种植面积太大的、有一定体积及重量的植物。因高架桥下客观条件的限制,所选植物需具备抗逆性好、生命力强、耐干旱耐贫瘠等特性。对于桥梁植物品种的选择,优先考虑乡土植物,此外,在满足基本功能的基础上,可适当引进外来优良植物品种,提升植物的多样性。

选苗

种苗

（7）日常养护

①灌溉措施

桥梁绿化植物灌溉方面，本工程采用直径为2cm的灌溉管，1.5m间距，围绕每根立柱，以扎丝、铁丝等将其固定于立柱之上。连接附近原有的灌溉取水口，形成闭合的、连续可用的简易灌溉系统。有条件的话，可以建设墩侧雨水收集池，可以降低成本和减轻养护压力。

②养护及病虫害防治

桥墩立体绿化的体量较大，导致这些立体绿化植物对水分和养分的需求量较大，因此应更加注重水肥管理，以确保绿化效果。除保证充足的水、肥供应外，还要加强对植物病虫害的防治，如藤本月季易发生叶蜂危害，一旦发现叶片有缺刻，就要及时喷施高效低毒的拟除虫菊酯类农药，且要在植株的上下、内外喷施均匀。

对于爬藤植物的日常养护，需定期安排工人理藤修剪，把主枝及萌发的新枝均匀分布在铁丝框架上，使其沿框架攀缘。入冬后疏理枯枝，早春施以薄肥，可促进枝繁叶茂。为防蔓基过早光秃和有利吸附，宜多行重剪。休眠期或者开花后进行修剪，以调整枝条分布，及时剪除残花，促进枝叶萌发。及时调节水分、养分的供应，均衡树势，使生长健壮，花繁叶茂。

灌溉措施

一年后种植效果

二年后种植效果

三年后种植效果

五叶地锦秋景效果

4.2.1.2　宁波江北庆丰桥桥柱绿化实例

在桥柱下方采用布袋式、尼龙网式、铁丝网式三种模式。植物选择时应满足交通安全和生态防护要求，以乡土植物为主，适当引入部分外来优良植物，以增加植物群落的多样性，在考虑气候、土壤等立地条件的基础上，严格按照因地制宜的原则，选择耐旱、耐瘠薄、抗寒、抗污染、观赏性强的树种及攀缘植物。

桥柱布袋式种植模式

桥柱布袋式种植蓄水槽

　　其中布袋式植物选择上主要采用吊兰、红花檵木、银叶菊、金森女贞、豆瓣绿、罗汉松、鸭脚木、滴水观音、杜鹃、金边大叶黄杨、矾根、金叶络石、栀子花、肾蕨、常春藤、南天竹、红花石楠、黄金菊、花叶蔓、鸟巢蕨、金边阔叶麦冬等。

　　尼龙网式植物选择上采用爬山虎、凌霄、中华常春藤等。

　　铁丝网式植物选择上采用五叶地锦、忍冬、凌霄等。

尼龙网式种植凌霄

尼龙网式种植爬山虎

4.2.1.3 宁波世纪大道高架

铁丝网式种植"忍冬+凌霄"

尼龙网式种植"爬山虎+常春藤+凌霄"

桥柱采用垒土模块绿化种植模式。

（1）设计原则

充分考虑桥体建筑的结构安全，绿化种植荷载应符合种植立面所能承受的荷载要求；植物选择应在适应地域气候和自然环境的同时具有良好的观赏性，以木本或多年生草本植物为主；垒土挂块宜设预埋构件，构件应与墙体结构件连接，并保持墙面的完整性；立体绿化给水及亮化等设施宜采用智能化自动控制系统；充分考虑绿墙植物后期维护的安全和便捷。

垒土模块整体

（2）角钢、槽钢装配

角钢、槽钢装配

平面布置需计算准确,挂孔间距、数量、垒土高度都需预先设计,在工厂提前加工好后现场拼接,有利于减少施工误差。考虑到结构受力及组织排水,型号以8#槽钢为宜,所有结构构件首选不锈钢钢材拼装组合,其次是镀锌钢材与焊接组合,最后是黑钢钢材与焊接组合,主要还是参考绿墙施工预算和使用年限来选型。

(3)垒土挂块

垒土挂块

植物孔洞为16孔,由标准560mm×280mm垒土块拼装而成,如施工成本能接受,同时需加密植物效果,可采用32孔植物挂块,植物数量相应增加;标准挂框材质为不锈钢。

(4)施工组织管理

①应设立警示标志,设置护栏、安全网等必要隔离措施。

②材料垂直运输必须设立警戒区,由专人管控,严防高空坠物。

③施工人员应穿戴劳保鞋、安全帽,登高作业时应系好安全带。

④恶劣天气不得进行登高作业。

⑤施工现场应配备消防器具。

灌溉过滤器

(5)施工注意问题

桥柱绿化与原有墙面之间应留有空隙或安装防潮隔离层,确保灌溉用水不渗漏到墙面;给排水系统安装完毕后,应对排水系统进行水密性试验,对给水系统进行压力试验,合格后方可进行下一步施工;植物种植应根据设计图案先放线后栽植,同时注意植物的叶片方向、植株大小和色彩搭配。

灌溉管道设施

4.2.1.4 宁波机场路高架桥柱绿化实例

高架桥的垂直绿化系统采用四根三角铁固定在桥墩四周,热镀锌铁片围绕固定的新形式,这种形式造价较低,施工工艺简单,景观效果较好。攀缘植物采用常春藤和爬山虎等生长迅速、攀缘性佳、覆盖效果好,保证四季常绿,间植藤本月季这类多季花品种,美化效果极佳。

桥柱复式种植"爬山虎＋常春藤"

4.2.1.5　上海中环路高架真北路立交桥柱绿化实例

上海中环路高架真北路立交外植五叶地锦和常春藤

中环路高架真北路立交内植意大利络石

尼龙网式种植模式

桥柱栽植意大利络石

铁丝网式种植模式

意大利络石

桥柱洒水车浇水

4.2.1.6　上海中环路高架延安路桥柱绿化实例

桥柱绿化花箱组合式盆栽（一）

桥柱绿化花箱组合式盆栽（二）

桥柱绿化花箱组合式盆栽（三）

4.2.1.7　上海延安西路高架桥柱绿化实例

立柱限高绿化（一）

立柱限高绿化（二）

桥柱复式种植"五叶地锦＋爬山虎"

"五叶地锦＋意大利络石＋金边扶芳藤"复式种植

4.2.1.8　上海鲁班路高架桥柱绿化实例

高架爬山虎绿化（一）

高架爬山虎绿化（二）

高架爬山虎绿化（三）

高架爬山虎绿化（四）

高架爬山虎绿化（五）

高架爬山虎绿化（六）

高架爬山虎绿化（七）

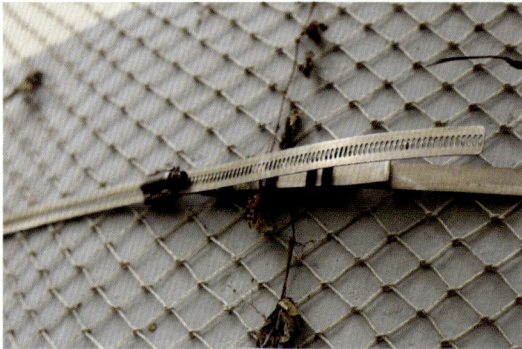

高架固定卡扣

高架爬山虎绿化（八）

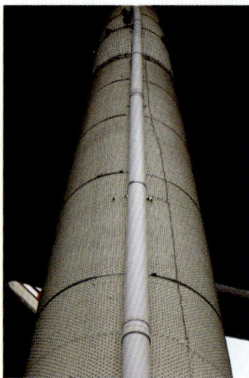

高架尼龙网固定

高架栽植常春油麻藤

高架爬山虎绿化（九）

4.2.1.9 上海逸仙路中环段高架桥柱绿化实例

高架桥柱整体效果（一）

高架桥柱整体效果（二）

高架桥柱整体效果（三）

高架桥柱整体效果（四）

桥柱盆栽组合

尼龙网模式

凌霄夏季开花效果

凌霄桥柱效果

4.2.1.10 上海外环沪青平立交桥桥柱绿化实例

立交桥整体效果（一）

立交桥整体效果（二）

立交桥整体效果（三）

桥柱爬山虎效果（一）

桥柱爬山虎效果(二)

桥柱容器模式效果(一)

桥柱容器模式效果（二）

桥柱容器模式效果(三)

容器栽植常春藤

容器栽植八角金盘

容器栽植矾根

容器栽植金边阔叶麦冬

容器栽植金叶络石

容器栽植金森女贞

容器栽植千叶兰

容器栽植四季秋海棠

容器栽植夏鹃

种植容器

栽培基质生物炭绵

集水槽

容器外挂钢构件

4.2.1.11　上海江湾路高架桥柱绿化实例

西江湾路高架绿化（一）

西江湾路高架绿化（二）

西江湾路高架绿化（三）

西江湾路高架绿化（四）

东江湾路高架绿化(一)

东江湾路高架绿化(二)

东江湾路高架绿化(三)

4.2.1.12　上海天目中路立交桥桥柱绿化实例

天目中路立交桥高架绿化

4.2.1.13 南京赛虹桥立交桥桥柱绿化实例

南京赛虹桥立交桥高架绿化（一）

南京赛虹桥立交桥高架绿化（二）

南京赛虹桥立交桥高架绿化（三）

南京赛虹桥立交桥高架绿化（四）

4.2.1.14 南京应天大街高架桥柱绿化实例

应天大街高架中华门段绿化（一）

应天大街高架中华门段绿化（二）

应天大街高架中华门段绿化（三）

应天大街高架中华门段绿化（四）

应天大街高架中华门段绿化（五）

应天大街高架中华门架绿化（六）

应天大街高架中华门段绿化（七）

应天大街高架与江东中路交叉口桥体绿化（一）

应天大街高架与江东中路交叉口桥体绿化（二）

应天大街高架与江东中路交叉口桥体绿化（三）

应天大街高架与江东中路交叉口桥体绿化（四）

应天大街高架与江东中路交叉口桥体绿化（五）

应天大街高架与江东中路交叉口桥体绿化（六）

应天大街高架与江东中路交叉口桥体绿化（七）

应天大街高架与江东中路交叉口桥体绿化（八）

应天大街高架沿街桥体绿化（一）

应天大街高架沿街桥体绿化（二）

应天大街高架沿街桥体绿化（三）

应天大街高架沿街桥体绿化（四）

4.2.1.15　宁波北环西路高架桥柱绿化实例

"千叶兰＋凌霄＋油麻藤"
复合种植式(一)

"千叶兰＋凌霄＋油麻藤"
复合种植(二)

"花叶常春藤＋油麻藤"复合种植

"千叶兰＋凌霄＋络石＋常春藤"
复合种植

"藤本月季＋油麻藤＋忍冬"
复合种植

"常春藤＋络石＋鸡血藤＋忍冬"
复合种植

"油麻藤＋忍冬"复合种植（一）

"油麻藤＋忍冬"复合种植（二）

"常春藤＋凌霄"复合种植

"藤本月季＋常春藤＋凌霄"
复合种植

"油麻藤＋常春藤＋络石"
复合种植

"千叶兰＋常春藤＋忍冬"
复合种植

"油麻藤＋常春藤＋凌霄"
复合种植

"藤本月季＋油麻藤＋野生杠板归"
复合种植

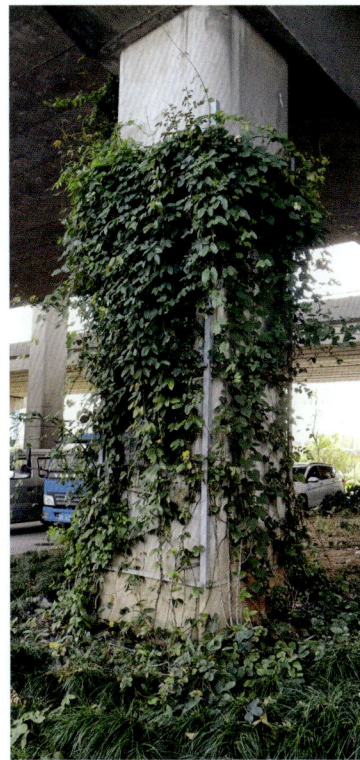

"油麻藤＋三叶木通＋藤本月季"
复合种植

4.2.1.16　其他桥柱绿化实例

桥柱复式种植"藤本月季＋凌霄＋爬山虎"等植物

　　湖南长沙橘园立交桥桥面种植草本植物美人樱,桥下种植顺着桥体侧面往下垂的油麻藤。采用的800根拉索绳外面包着一层白色的塑料管,所有拉索绳攀爬油麻藤。

　　采用技术"绿色五线谱"—"藤索＋藤网"复合攀附控制装置进行施工,栽植意大利络石做到了四季常青,三季有花。

拉索式绿化(一)

拉索式绿化(二)

衡阳市船山东路城市高架桥绿化（一）

衡阳市船山东路城市高架桥绿化（二）

衡阳市船山东路城市高架桥绿化（三）

衡阳市船山东路城市高架桥绿化（四）

衡阳市船山东路城市高架桥绿化（五）

新加坡桥柱采用布袋种植凤梨类植物

4.2.2 桥体栏杆绿化实例

4.2.2.1 宁波通途路高架桥体栏杆绿化实例

位于机场路（联丰路—青林湾大桥）、通途路及通途路互通段桥体 4.2 千米的桥体两侧进行绿化并安装滴灌系统,施工内容包括:桥墩立体绿化、塑料花箱工程、立体绿化滴灌工程。

（1）高架花箱

①颜色:淡绿色。

②储水量:10 升。

③植物种植数:4 ~ 6 棵/箱。

④主要材料:进口共聚 PP。

⑤辅助材料:1% ~ 4% 乙烯的无规则共聚,抗氧剂 1010 抗老化 240 克/100 千克,UV531 紫外线吸收剂 160 克/100 千克等。

⑥产品简介:储水层和种植层为一体式,中间用隔土板分开,利用吸水棉条将储水层的水吸附到种植层,对植物进行水供给;箱子的上沿口有加强筋,确保容器与钢结构牢固结合;储水层高度为 9cm,隔水板中间采用箱底部凹形支撑与底部内边支撑形式,保证有足够的水供给;箱体的种植层与排水层之间有氧气孔,确保植物根系的吸氧量;排水口采用单个靠小侧面内高水位排水形式。

安装花箱架子

花箱外观

花箱安装完成效果

（2）花箱灌溉系统

滴灌系统能降低能耗,提高管理水平,节省灌溉系统的运行费用,降低运行压力。工程特点:

①不同季节、不同温湿度、不同时间点通过无线遥控编程器修改灌溉程序,设定不同时期的灌溉水量和灌溉周期,既满足植物的需水量,又不会过度灌溉,实现节水节能的高架桥自动化灌溉。

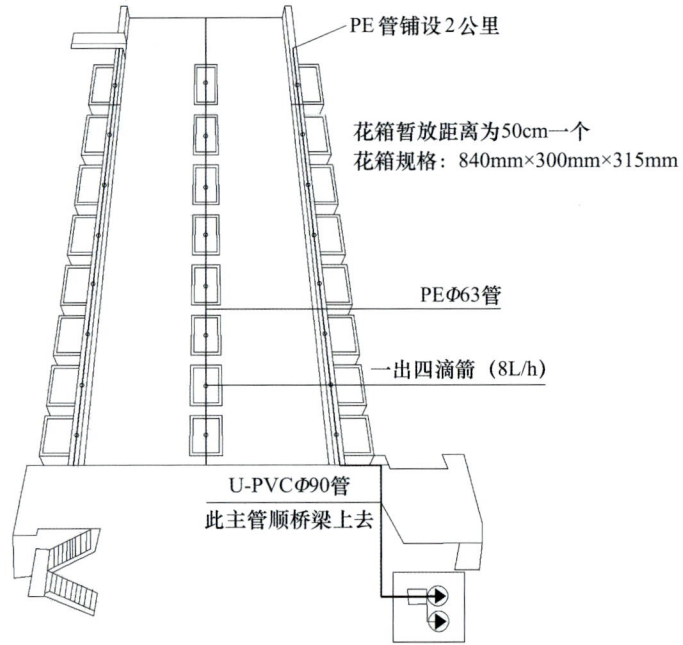

PE管铺设2公里

花箱暂放距离为50cm一个
花箱规格：840mm×300mm×315mm

PEΦ63管

一出四滴箭（8L/h）

U-PVCΦ90管
此主管顺桥梁上去

桥面花箱滴灌简易示意图

水泵

逆止阀

压力表

施肥器

过滤器

进排气阀

②市政水源(或河水取水)的阀门处于常开状态,设有阀门井便于系统检修和维护。高架桥和桥墩每一段灌溉单元可独立编程控制。根据市政水源的控水量和灌溉单元的灌水量平衡设计,将高架与桥墩的灌溉系统分为若干个轮灌组,分段分区在不同的时间段运行灌溉系统。

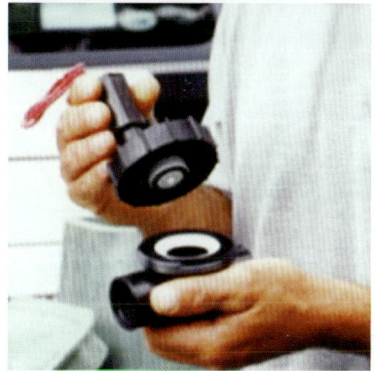

③为保障灌溉系统运行和管理的安全性,灌溉系统的控制单元可采用干电池电源的可编程灌溉控制器,控制器与执行电磁阀一体化安装,可通过遥控编程器变更程序或对灌溉系统进行巡检。

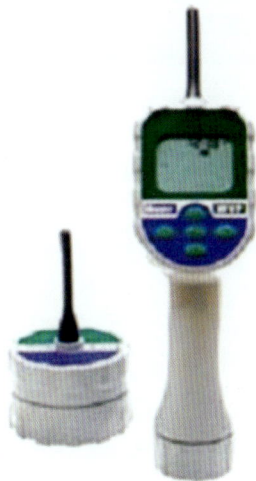

可编程控制系统 　　　　　　　　　信号接收器组合电磁阀

泵房

滴灌系统

阀箱、压力表

雨量传感器 ——

电磁阀 →　← 无线接收器

外挂式花箱

带防抛网的外挂式花箱

置顶式花箱

带防眩板的置顶式花箱

4.2.2.2 杭州彩虹快速干道桥体栏杆绿化实例

植物选择上选用花期长、耐冬季严寒、耐夏季高温和不影响交通视线的月季。

桥体花箱种植月季

桥体花箱种植忍冬　　　　　　黄从容月季

安吉拉月季　　　　　　莫海姆月季

红从容月季　　　　　　花箱自动滴箭灌溉

4.2.2.3 宁波世纪大道高架桥体栏杆绿化实例

宁波世纪大道高架桥体栏杆采用垒土培养土的垂直绿化技术。选用垒土种植,当中的海绵可防止土质流失严重,能够通过滴灌系统,源源不断地输送营养液,不仅保活,还能减少绿植的养护成本。选用藤本月季、金边阔叶麦冬、黄金络石等多种植物复合种植。

桥帮垒土种植模式整体效果

桥帮内侧整体效果

桥帮外侧整体效果

栏杆外侧种植藤本月季

月季插入侧面垒土

栏杆内侧种植金叶络石

栏杆顶部混种金边阔叶麦冬

垒土滴灌管线

垒土灌溉排水管线

桥帮钢丝网固定垒土

4.2.2.4 广州六二三路及高架桥体栏杆绿化实例

使用高架桥专用花盆固定在高架桥上,这种花盆的特点是 PP 材质,保温设计,不开裂,使用寿命长,高架搭配三角梅,花大色艳,花期长,易于养护。

广州六二三路桥帮花箱种植三角梅

广州六二三路高架三角梅景观

广州六二三路高架花箱及灌溉管线安装

4.2.2.5 其他桥体栏杆绿化实例

宁波机场高架桥体栏杆绿化效果

宁波机场高架桥体栏杆灌溉系统

宁波机场高架桥体栏杆绿化配套设施

北京东二环立交桥花箱种植草花

上海外环沪青平立交桥桥体栏杆花箱绿化（一）

上海外环沪青平立交桥桥体栏杆花箱绿化（二）

上海中环路高架桥体栏杆花箱绿化（一）

上海中环路高架桥体栏杆花箱绿化（二）

上海延安西路高架桥体栏杆花箱绿化

南京应天大街高架桥体栏杆花箱绿化（一）

南京应天大街高架桥体栏杆花箱绿化（二）

5　桥体绿化发展趋势及展望

QIAOTI LVHUA FAZHAN QUSHI JI ZHANWANG

　　城市化进程加快,用地紧张、城市污染使得桥体绿化快速发展,桥体绿化因其滞尘截污、吸收噪声、美化环境、改良环境、净化空气等作用正逐步被重视起来,是城市建设大势所趋。未来桥体绿化的发展将受到国家更多的政策支持,如制定相关规范促进本行业的发展,加强精细管理,培养更多的专业人才,提升现代技术融合理念,选择新能源、新环保材料,重视桥体绿化后期养护等方面工作,为城市建设提倡的低碳、环保、生态作出贡献。

5.1 制约桥体绿化发展的主要因素

桥体绿化相对于一般自然土层绿化来说,其复杂性在于影响因素众多,想要达到预期的绿化效果,需要综合考虑的问题涉及甚广。桥体绿化怎样设计,如何施工,怎么养护,与所选择的绿化模式紧密相关。在现阶段,桥体绿化模式的选择,受如下诸多因素的影响。

5.1.1 桥体绿化实施环境

5.1.1.1 土壤环境

土壤是绿化中不可缺少的重要条件之一。但随着科技的进步,"种植土"不再局限于自然土,还有各类配方基质。配方基质根据配制材料可分为三种:一是质地紧密的重型基质,以各种营养土为材料;二是质地疏松的轻型基质,以各种有机质为材料;三是质地重量介于前两者之间的半轻基质,以营养土和各种有机质按一定比例混配为材料。配方土又可以根据绿化模式不同而有所不同,一是直接盛装在各类种植容器中栽种植物,二是不需要容器而制成模块后在模块里种植植物。

在桥体绿化中,不同的桥体因其建造位置的不同,所应采用的绿化模式也有所不同。不同的绿化模式影响着种植基质的选择:一是可以进行地栽的桥荫绿化和桥体墙面绿化,直接在自然土上种植植物,或对自然土进行改良后再进行绿化;另一种是采用各类容器或模块进行植物种植的绿化。前一种情况绿化时,受自然土面积的大小及地表下植物根系生长空间的影响,所能选择的植物种类有限,当出现可选用植物有限时,所能营造出的绿化景观丰富度会相对不足;后一种情况,因容器的材质、形状、摆放位置,对土壤基质的要求有所不同,需要根据不同的情况选择不同的基质。

绿化种植时,无论是用自然土还是配方土,均应选择适宜的土壤或基质(模块)。土壤或基质(模块)为植物提供养分和水分,同时也是植物根系伸展、固持的介质,在满足上述根本作用时,要求透气、保水、保肥。随着科技的发展,各种配方基质的诞生,日后桥体绿化的建设或将不再受土壤条件的制约。

5.1.1.2 雨水环境

水是植物生存的物质条件,是影响植物形态结构、生长发育、繁殖及种子传播等重要的生态因子。水分是植物体的重要组成部分。植物对营养物质的吸收和运输,以及光合、呼吸、蒸腾等生理作用,都必须在有水分的参与下才能进行。

在自然土层上进行的绿化,因为有雨水的浇灌及地下涵养水的吸收,非极端天气的干旱条件下,一般不需要进行浇灌。但是桥体绿化本身的特殊性,使得其水环境变得复杂。一是在桥荫或其他雨水淋不到的部位,因得不到雨水的浇灌,只能通过其他方式满足植物对水分的需求;二是以各种容器种植植物的绿化,虽有雨水浇灌,但无雨水保存涵养的条件,所种植的植物易受干旱影响,易出现严重缺水情况,造成植株枯萎,干枯而死。

但是,科技的进步及理念的更新,如滴灌微喷、海绵城市等技术及理念的出现,使得桥体绿化不再受到水的限制。定时定量的滴灌系统,被更加精准地应用在绿化浇灌中;海绵城市的"海绵功能"也能在桥荫绿化中得以应用。越来越成熟的技术与工艺,在改变桥体绿化的水环境方面更加方便,使桥体绿化不再受水的制约。

5.1.1.3 光照环境

在绿化中,植物占据绝对的主导地位,其生长的好坏也影响着绿地景观形成的优劣。一切植物

的生长,根本上依靠对于太阳光能的吸收和转化能力。在一定光强度下,植物的光合作用和呼吸作用持平,这个持平下的光照强度就是光补偿点,植物所需的光照强度要至少达到光补偿点时,植物才不会死亡,大于光补偿点时,植物才会生长,要想保证植物健康生长,光照强度应在 900 ~ 10000lx。

在自然土上进行的普通绿化,因无遮挡,除了建(构)筑物背光面绿化,基本不需要考虑光照对植物的影响。因方位的关系,桥荫及桥体侧下方绿化,植物或全部或局部受桥体遮光的影响,不能健康生长,达不到绿化的效果。因此,光照制约着桥体部分位置的绿化,达不到增加绿化面积及提升可视绿量的效果。

随着科研工作者对此的关注增多,科技力量的不断投入,在植物与光照关系的研究上,有了更多的新成果。一是更多的耐荫或荫生植物被筛选挖掘出来在园林上应用,使得可用的耐荫或荫生植物的品种增多;二是植物补光灯的出现和使用,可以弥补桥荫等处的光照不足,削除光照不足对植物生长的影响。植物补光灯均采用金属卤化灯,是一种较为理想的光源,可以产生植物生长所需的波长,结合太阳能的收集与释放,有节能环保、价格低廉的好处。因此桥体绿化受光照条件的影响不再是制约因素。

5.1.1.4 其他因素

与自然土上的普通绿化相比,桥体绿化实施除了受土壤、雨水、光照等影响外,还有风、热、尾气污染等的影响。

桥体绿化受风的影响主要存在于桥面上,如防护栏绿化等。高速行驶的车辆带来的劲风影响着以下几个方面:一是劲风容易让植物弯折;二是劲风更容易带走植物生长微环境的水分。

桥体绿化受热辐射的影响,同样是以桥面上的绿化受影响为主,因太阳光线强,热辐射量大,钢筋水泥混凝土导热系数小,使得桥面上温度高、空气湿度小,植物易受干旱、高温胁迫影响,导致叶片内含水量下降,这样的环境对大多数植物的生长不利。

桥体绿化受汽车尾气的影响,主要是汽车尾气中含有 CO、碳氢化合物、氮氧化合物、硫氧化合物、铅化物等。导致植物叶片枯萎、生长不佳,甚至枯萎死亡。

这些因素或多或少影响桥体绿化的实施及日常维护。但是随着科技的进步,技术的革新,这些影响因素也会被消除或减少至忽略不计。

5.1.2 植物材料

植物材料是绿化中的重要角色。在自然土层上的普通绿化,把乔、灌、草及藤与各类设施小品等精心搭配可以营造出丰富的景观,师法自然,而高于自然。桥梁绿化因绿化条件所限,种植及生长空间不够,种植部位相对复杂,如桥体种植、桥体两侧悬挂、桥体防护栏绿化、立柱绿化、桥荫绿化等,在不同的部位是否选用辅助构件或设施,如篱笆、栅栏、种植槽以及灌溉设施等,都影响着植物的选用,所能选择的植物则相对较少。

桥体绿化中,在进行桥底植物种植时,应充分了解其生境条件尤其是光照条件,选择合理的绿化布局。光照好的位置可栽种抗污性强的喜阳植物;光照适中位置可种植抗污性强的耐荫植物或荫生植物,如小乔木、灌木、藤本和草本等。而在桥面上的绿化,则选择喜阳耐旱植物,在阳光暴晒下也能免受"强光伤害"的影响。桥面上的植物选择,以低矮的灌木或多年生草本植物为主。

尽管桥梁绿化在植物材料选择上有所限制,所选择的植物种类相对不多,但是随着技术的发展,人们在桥体绿化方面的研究越来越多,可用于桥体绿化的植物也将不断被挖掘出来,植物的种类也将越来越丰富,可营造出的景观也将越来越多姿多彩。

5.2.3 精细管理的强化

精细化管理是一种理念,一种文化,是社会分工精细化以及服务质量精细化对现代管理的必然要求。现代管理学认为,科学化管理有三个层次:规范化、精细化和个性化。而这科学化的管理理念逐渐被引入到众多的行业中。城市桥体绿化有别于一般自然土层上的绿化,在规范化、精细化以及个性化的要求上更为严格。

桥体绿化的精细化管理需要落到实处,需要从专业化、规范化以及精细化三个方面去落实。

一是专业化方面,先进的科学技术是城市桥体绿化精细化管理的保障。由于桥体绿化具有特殊性、复杂性、长期性、科学性和艺术性等特点,所以其质量是随着时间的演进而变化的,也是随着养护技术质量而变化的。因此,做好桥体绿化养护的精细化管理工作,必须加强专业技术的指导。另外,应用先进的机械设备、设施,改变落后的人工操作,有效提高工作效率,向机械化操作、标准化作业、网络化管理靠近。

二是规范化方面,重点是引入质量管理体系,制定质量目标与方针,规范建设施工流程,保证桥体绿化高质量建设,在后期的养护维护工作中严格规范操作,保证桥体绿化效果常态化。桥体绿化的日常养护工作如修剪、灌水、排涝、除草、施肥、土壤改良、补植、更新、病虫害防治和应急管理等,应严格执行技术指导和相关标准。加强目标控制、协调配合,使各项工作有序衔接,以便进行更专业、规范的绿化养护管理。同时加强日常的巡视管理,有效地检查、监督、考核,定期开展养护质量意见的征询工作,及时分析并对出现的问题采取相应措施予以解决。采取综合考核工作,制定考核奖惩,通过月、季度综合考核,有效保证养护工作的实施与养护质量。做到管理有层次,计划有目标,工作有落实,过程有控制,考核有依据,质量有保障。

三是精细化方面,重点是落实管理责任,将管理责任具体化、明确化,要把"小事做细,细事做精"。质量管理体系是精细化管理的基础,追求精细化管理必先做好质量体系的目标要求。

总之,桥体绿化精细化管理,就是将桥体绿化的建设及养护中的各项工作细分,把握好每一个细节要点,对于细微的工作认真对待,并落实到责任人员,提高精细化管理效率。通过精细化管理,能够提高桥体绿化园林植物的成活率,同时保证其健康成长,并兼顾增强其艺术性,使桥体绿化更为美观。

5.2.4 专业人才的培养

城市园林建设与发展的效果由人才能力直接决定,因此,必须高度重视人才培养的作用。桥体绿化作为城市绿化建设中的一部分,加之其特殊性、复杂性,还要兼顾艺术性等特点,对人才的需求更甚。目前桥体绿化才刚刚起步,桥体绿化专业人才尤其重要,在培养相应人才时应兼顾到设计、施工及养护等各方面,尤其是专业养护人才的培养,掌握了桥体养护规律及技术,才能更安全及有效地实现桥体绿化的景观效果。

此外,要注重桥体绿化技术的科研工作,力求把科研成果迅速转化为桥体绿化建设中的生产力。重视桥体绿化科研工作,增加此方面的经费,从桥体绿化工程中难以解决的困难和问题着手,采取产学研联合方式进行必要的研发和应用。同时,要加强科研成果的推广与知识产权的保护工作,调动科技人员的积极性,保障他们的应得利益。

5.2.5 养护技术的重视

桥体绿化管理由于特殊的地理位置和条件需要特别重视养护工作的精细化。首先,重视植物的灌

溉和土肥的保证。桥体绿化植物蒸发量比较大,必须依靠人工灌水补充。使用的是外借土,营养成分稀少,必须定期定量施肥才能维持植物的正常生长。根据植物需求的不同,要针对性地施肥。浇水和雨水的冲淋会使人造种植土流失,导致种植土厚度不足,一段时期后应添加种植土。

其次,重视藤本植物的修剪和病虫害防治。由于藤本植物枝条柔软,攀缘植物的枝条沿依附物不断伸长生长,特别要注意栽植初期的牵引。新植苗木发芽后应做好植株生长的引导工作,使其向指定方向生长。在生长季节应进行理藤、造型,以逐步达到均匀满铺的效果,理藤时应将新生枝条进行固定。生长期宜适度修剪和间植。修剪宜在 5 月、7 月、11 月或植株开花后进行。攀缘植物间植的目的是使植株正常生长,减少修剪量,充分发挥植株的作用。间植应在休眠期进行。修剪应对枝叶稀少的可摘心或抑制部分徒长枝的生长。对各种不同病虫害的防治可根据具体情况选择无公害药剂或高效低毒的化学药剂。为保护和保存病虫害天敌,维持生态平衡,宜采用生物防治。

第三,重视配套设施的养护。对于结构不稳定的辅助设施应及时加固,对于老化的设施应及时更换。要定期测定种植土的 pH 值,不使其超过所种植物能忍受的 pH 范围,超出范围时要施加相应的化学物质予以调节。使用材料应具备耐火、坚固、美观的特点。定期检查构筑物的安全性,疏通排水管道,防止被枝叶、泥土等阻塞;注意防风、防倒伏。检查和维护的频率最好维持五年,从而确保植物在新环境中健康并持续生长。在养护期间注意病枯叶的修剪及攀缘网的安全检查,避免掉落伤及行人。

5.2.6　产品材料的环保

桥体绿化应该遵从产品便于维护和景观的可持续、可开发的概念。要注意桥体绿化产品材料的回收利用或长久性。栽培使用的容器要符合环保的需要,减少污染和浪费。植物栽培基质要能循环利用,减少能耗和环保可再生使用。植物材料要能从乡土植物中筛选并能适应桥体环境的需要,减少生态因子对其造成的影响,从而达到长久的效果,否则后期养护困难而造成更大资本投入,这就与可持续理念背道而驰, 也无法达到节能环保效果。为了实现零污染、高回报、零能耗,我国应积极借鉴发达国家先进经验,如无水、无肥、无农药、零污染、高环保、零能耗的建设模式,为实现我国特色的桥梁绿化努力。同时,节能环保材料应是今后我国桥体绿化设计中研究的重要方向。

5.2.7　设计理念的综合

作为立体绿化的重要组成部分,桥梁主体绿化的未来将进一步与绿色建筑、海绵城市和智能城市相结合。桥体绿化不再作为附属物,而是与这些系统紧密结合,发挥立体绿化的生态效益,整合各种系统的主导功能,发展进入综合模式。桥体绿化的独立存在将成为历史,一套城市生态智慧体系将形成。

在社会发展中提倡绿色节能、节地、节水、节材等,保护环境和减少污染是大势所趋,所有的绿色建筑设计理念不是单从传统建筑的空间功能和美学设计上考虑,而是将生态理念植入桥体建筑本身,桥体绿化也不单纯是传统的种植植物,而是综合全面考虑桥体的设施和绿化结合。在绿色建筑和生态智慧体系中,桥体绿化还将把城市雨水收集、节水灌溉等融入其中。采用光伏发电收集太阳能,用于桥体绿化后期养护灌溉,同时采用中控设施智能降低人工成本并控制植物所需要的温、光和湿度,从规划总体深入城市综合系统。接入智慧网络的桥体绿化监测系统同时为城市的微气候、小环境和大数据共享提供依据,“立体绿化＋”的开发模式,将引发新一轮绿色科技的应用创新,成为未来的新热点和新景观。在今后可持续创新的环境下,将发挥出数以千百计的大效应。

5.2.8　生态效应的重视

在城市大型桥梁的发展过程中,桥体绿化将发挥更多的生态效应。顺应桥体本身具有的生态廊

道,为生物多样性创造条件。同时在绿化建设量逐年扩大的同时,桥体绿化也要充分考虑对人居环境有害生物的防治,如生物入侵、虫害等。有报道称我国城市公共安全领域出现了新的问题与挑战,以登革热为代表的蚊虫携带病原体传播的疾病有增长的趋势。环境中的白纹伊蚊数量增多,其繁殖力极强,在有积水的场所就能够滋生,防治的最好方法是"生态防治法",主要手段为避免积存雨水、污水。桥体绿化首先应避免积水的问题。垂直绿化常配套废水收集装置,位于垂直绿化基座底部,会存在积水问题,除及时排除外,还可考虑设计将水系规避,顺应流走避免积聚。在植物的选择上,也可选择搭配具有驱蚊效果且适应当地气候的植物品种。

5.3 总 结

城市范围的迅速扩张,连接城市东西南北并给交通带来极大便利的各类桥体的增多,使得"水泥森林"增添新成员。而随着改善"水泥森林"面貌,进行"绿色建筑"建设的提出,人们在"绿色建筑"上的关注也日趋增多,各地实施"绿色建筑"步伐逐渐加快。桥体绿化作为新型的"绿色建筑",已被部分城市重视起来,相信不久的将来,桥体绿化技术将日臻完善,景观效果亦将日渐丰富,桥体也将会是城市中的一道亮丽风景。

参考文献

[1]陈敏,傅徽楠.高架桥荫地绿化的环境及对植物生长的影响[J].中国园林,2006(9):68-72.

[2]陈淑君.宁波城市立体绿化现状与对策研究.[J]杨凌职业技术学院学报,2016,15(2):9-12.

[3]丁少江,黎国健,雷江丽.立交桥垂直绿化中常绿、花色植物种类配置的研究[J].中国园林,2006(2):85-91.

[4]杜伟宁,王月宾,刘婷婷,韩丽莉.攀援植物在高架桥垂直绿化中的应用[J].北京园林,2013,29(2):27-29.

[5]段晓旭,汪金花,王洪磊.立交桥绿化植物的配置与应用[J].园林科技,2014(4):22-27.

[6]方天露,夏佳元,易图永.株洲市桥体绿化植物迎春花枯死原因的研究[J].中国农学通报,2017,33(4):148-152.

[7]冯婷婷,李璐,代晓芳.昆明市立交桥绿化植物调查及应用研究[J].山东农业科学,2014,46(5):99-101.

[8]高冬梅,赵林森,魏开云.昆明市区几种立交桥绿化模式的景观效益评价[J].林业调查规划,2006,31(6):138-142.

[9]关学瑞,蔡平,王杰青,等.国内高架桥绿化及研究现状[J].黑龙江农业科学,2009(2):168-170.

[10]管俊强.广州城市立交桥桥底绿化探讨[J].中国科技财富,2009(8):229.

[11]韩莉,殷慧英,谭春茹.浅析城市立交桥绿化设计——以石家庄裕华路立交桥绿化改造升级工程为例[J].现代农村科技,2010(12):46.

[12]黄思成,张云路,李运远.北京地区垂直绿化现状与应用研究[J].中国城市林业,2017,15(5):31-35.

[13]蒋瑾.长沙市立交桥下园林植物应用调查分析[D].长沙:中南林业科技大学,2015.

[14]柯屹恒.城市高架快速路绿化设计探讨——以成都市二环路为例[D].雅安:四川农业大学,2014.

[15]赖尚海,雷江丽,吴彩琼,等.立交桥垂直绿化新品种种苗繁殖技术研究[J].南方农业,2011,5(4):37-40.

[16]李成,于坤,刘毓.济南城市立交桥绿化植物综合评价与分级[J].山东建筑大学学报,2012,27(6):566-569.

[17]李海生,赖永辉.广州市立交桥和人行天桥绿化情况调查研究[J].广东教育学院学报,2009,29(3):86-91.

[18]李莎,彭尽辉.长沙市立交桥绿化状况调查与分析[J].科技信息,2009(9):385-386.

[19]李世华.城市高架施工手册[M].北京:中国建筑工业出版社,2006.

[20]李莎.长沙市立交桥绿化现状及植物配置模式分析[D].长沙:湖南农业大学,2009.

[21]李晓霞,周建华,于茂霞.城市立交桥绿化景观设计理念探析——以重庆市宝圣立交绿化景观设计

为例[J].西南农业大学学报,2010,8(3):18-19.

[22]梁向军,李洁,桑景拴.河南省立体绿化植物的选择[J].中国林副特产,2014(2):78-79.

[23]刘滨谊.城市道路景观规划设计[M].南京:东南大学出版社,2002.

[24]刘琛.立交桥附属空间景观整治研究[D].重庆:重庆大学,2007.

[25]刘双月.现代城市立体绿化设计研究[D].杨凌:西北农林科技大学,2011.

[26]刘兴跃,邱毅敏,余铭杰,等.广州市桥梁绿化技术发展现状与对策[J].广东园林,2013(3):12-15.

[27]刘颖,徐俊.城市桥梁绿化设计的探讨[J].中国市政工程,2014(5):26-28.

[28]刘志芳,王延方,郑代平,等.郑州市立交桥立体绿化植物研究初报[J].河南林业科技,2015,35(3):50-53.

[29]鲁敏,李英杰.城市生态绿地系统建设——植物种选择与绿化工程构建[M].北京:中国林业出版社,2005.

[30]陆明珍,徐筱昌,奉树成,等.高架路下立柱垂直绿化植物的选择[J].植物资源与环境,1997,6(2):63-64.

[31]马晓琳,赵方莹.北京市朝阳区立交桥立体绿化植物配置模式[J].中国水土保持科学,2006,4(12):78-82.

[32]钱瑭璜,梁琼芳,雷江丽.轻型屋顶绿化中景天属植物栽培基质配比研究[J].亚热带植物科学,2016,45(4):369-372.

[33]邵侃,金龙哲.对城市高架道路立体绿化的探讨[J].环境与园林,2005,7(6):251-253.

[34]史正军,范雅文.轻型屋顶绿化植物栽培基质配方筛选研究[J].北方园艺,2013(14):73-77.

[35]孙儒泳.普通生态学[M].北京:高等教育出版社,1993.

[36]王红月,曹蕾.杨经文生态建筑将现身长安街[N].中国建设报,2003-06-11.

[37]王建.行为安全视角下高架桥下部空间环境设计研究——以长春市为例[D].长春:吉林建筑大学,2016.

[38]王杰青,王雪刚,陈志刚.苏州城区高架桥绿化现状与桥区生态环境的研究[J].北方园艺,2006(3):107-108.

[39]王竞红,徐谷丹.哈尔滨市主要高架桥绿化情况调查研究[J].北方园艺,2007(7):156-157.

[40]王俊丽,张俊涛,龚世杨.北京立交桥绿化状况及植被特征研究[J].中央民族大学学报(自然科学版),2006,15(4):293-298.

[41]王乐正.高架桥空间造景研究——以福州为例[D].福州:福建农林大学,2012.

[42]王瑞.福州高架桥荫地生态环境及绿化研究[D].福州:福建农林大学,2014.

[43]吴迪.长沙市立交桥立体绿化的应用与植物配置分析[J].绿色科技,2017(17):64-66.

[44]吴清华,宋力,尹铭.国内城市立交桥绿化研究概述[J].中国园艺文摘,2009(12):76-78.

[45]吴珊.长沙市立交桥园林绿化现状调查与改造设计研究[D].长沙:湖南农业大学,2012.

[46]吴忆明,陈晓春,吕明伟.立交桥园林绿化实例[M].哈尔滨:东北林业大学出版社,2006.

[47]邢欢欢,吴小龙.西安市立交桥绿化状况调查与分析[J].现代园艺,2018(2):33-34.

[48]徐康,夏宜平,张玲慧,等.杭州城区高架桥绿化现状与植物的选择[J].浙江林业科技,2003,23(4):47-50.

[49]许正强,吴永华,杨永花,等.兰州市立交桥桥体绿化试验[J].草原与草坪,2007(2):37-40.

[50]杨保东.城市绿地建设中存在的问题及对策研究——以连云港市为例[D].南京:南京林业大

学,2005.

[51]杨博.上海市"十三五"期间立体绿化的发展趋势探究[J].绿色科技,2016(6):57-60.

[52]杨玥.城市"灰空间"——高架桥下部空间改造利用研究[D].杭州:浙江大学,2015.

[53]殷利华,万敏.武汉城区高架桥桥荫绿地光环境特征及绿化建议[J].风景园林调查与分析,2014(9):79-83.

[54]殷利华.基于光环境的城市高架桥下桥荫绿地景观研究——以武汉城区高架桥为例[D].武汉:华中科技大学,2012.

[55]银屏.武汉市立体绿化技术的应用现状研究[D].武汉:湖北大学,2013.

[56]于坤.济南城市立交桥绿化植物选择与配置模式研究[D].济南:山东建筑大学,2013.

[57]曾春霞.城市高架桥桥下空间资源利用探索[J].规划师,2010(S2):159-162.

[58]翟翠花,庄雪影,黄川腾,等.深圳市立交桥绿化现状及植物应用调查[J].西南林学院学报,2010,30(2):60-65.

[59]张宝鑫.城市立体绿化[M].北京:中国林业出版社,2003.

[60]张晓东,江海林,桑景拴.论河南省垂直绿化植物选择[J].现代园艺,2014(7):69-70.

[61]张卓.长春市高架桥底部空间环境景观设计研究[D].长春:吉林建筑大学,2015.

[62]章丹娜.广州市立体绿化植物调查与评价[J].南方农业,2016,10(6):98-99.

[63]赵军,马韩江.高架桥景观的发展与探索[J].中国市政工程,2009(1):26-27.

图书在版编目(CIP)数据

桥体绿化技术图析 / 张金炜,龙骏著. —杭州:
浙江大学出版社,2019.5
ISBN 978-7-308-19102-9

Ⅰ.①桥⋯　Ⅱ.①张⋯ ②龙⋯　Ⅲ.①城市桥－道路
绿化－图解　Ⅳ.①U448.15-64

中国版本图书馆 CIP 数据核字(2019)第 074201 号

桥体绿化技术图析

张金炜　龙　骏　著

责任编辑	石国华
责任校对	陈静毅　张振华
封面设计	刘依群
出版发行	浙江大学出版社
	(杭州市天目山路 148 号　邮政编码 310007)
	(网址:http://www.zjupress.com)
排　版	杭州星云光电图文制作有限公司
印　刷	浙江印刷集团有限公司
开　本	889mm×1194mm　1/16
印　张	10.25
字　数	280 千
版印次	2019 年 5 月第 1 版　2019 年 5 月第 1 次印刷
书　号	ISBN 978-7-308-19102-9
定　价	68.00 元